TIEF-SINNIG

Wenn du hochsensibel bist

Ratgeber

Gudrun Leyendecker

2.Auflage 2025
Lektorat: Friederike Ramin

Bibliografische Information der deutschen Nationalbibliothek: Die Deutsche Nationalbibliothek verzeichnet diese Publikation in der Deutschen Nationalbibliografie; detaillierte biografische Daten sind im Internet über http://dnb.dnb.de abrufbar.

Verlag: BoD · Books on Demand GmbH, In de Tarpen 42, 22848 Norderstedt, bod@bod.de

Druck: Libri Plureos GmbH, Friedensallee 273, 22763 Hamburg

ISBN: 978-3-7597-1969-0

Das Buch TIEF-SINNIG mit dem
Untertitel: „Wenn du hochsensibel bist",

zeigt Fragen und Antworten für
Menschen, die mit ihrer Feinfühligkeit
Probleme haben.

Zwischen 15 und 30 % liegt die
geschätzte Quote der Menschen, die
durch ihre feinsinnige Wahrnehmung zu
der Gruppe der Hochsensiblen gezählt
werden.

Darunter gibt es Menschen, die ihre
eigenen Wege suchen müssen, um im
heutigen Existenzkampf ihren Platz zu
finden. Etliche von ihnen sind sich nicht
bewusst, dass diese feinsinnige
Veranlagung auch ein Geschenk sein
kann.

Gudrun Leyendecker ist seit 1995 Buchautorin. Sie wurde 1948 in Bonn geboren.

Siehe Wikipedia.

Sie veröffentlichte bisher circa 98 Bücher, unter anderem Sachbücher, Kriminalromane, Liebesromane, und Satire. Leyendecker schreibt auch als Ghostwriterin für namhafte Regisseure. Sie ist Mitglied in schriftstellerischen Verbänden und in einem italienischen Kulturverein. Erfahrungen für ihre Tätigkeit sammelte sie auch in ihrer Jahrzehntelangen Tätigkeit als Lebensberaterin.

TIEF-SINNIG

Wenn du hochsensibel bist

Ratgeber

Gudrun Leyendecker

Für RIKE

In tiefer Verbundenheit

Themen und Schlagwörter in diesem Buch:

- Hochsensibilität ist weder eine Krankheit noch eine psychische Störung
- Ich wünscht, ich wär ein Elefant
- Warum ich dieses Buch schreibe
- meine erlernten Erfahrungen
- Tief-sinnig
- Empfindsamkeit und Belastbarkeit im Alltag
- Tipps für den Abend
- der Schlaf
- Tipps für den Morgen
- die Freizeit
- ein paar Vorschläge zum Kreativ-werden
- einige Vor- und Nachteile der Hochsensibilität
- was ist positiver Stress?
- Ein Beispiel

- Ein großer Vorteil, den ein hochsensibler Mensch hat …
- alle unsere Sinne haben…
- Verschiedene Typen, bei denen die Hochsensibilität ein besonderes Thema ist
- der Ordnungsfanatiker
- der ängstliche Typ
- das Wort Angst… Enge
- der Du-Mensch
- der Angstbeißer
- der Unruhige, der Hektische
- der Einsiedler
- die Panikattacken
- sich ohn-mächtig fühlen
- üben wir uns im Sinnieren
- sorgen sollten wir uns nur über Dinge, …
- Das Fühlen
- Die Träume
- schnelle Hilfe
- kreativ werden
- Goethe, Gedicht über Gefühle

- Selbstliebe und Liebe
- sich lieben mit Fehlern und Schwächen
- der hochsensible Mensch in der Partnerschaft
- Stimmungen
- alle Gefühle sind erlaubt
- Wut
- das Lachen
- Freude

Wenn du hier etwas gefunden hast, das dich interessiert und dich möglicherweise auch in irgendeiner Form betrifft, macht es Sinn weiterzulesen.

Hochsensibilität ist weder eine Krankheit noch eine psychische Störung. Ein hochsensibler Mensch zeichnet sich aus durch eine äußerst intensive Wahrnehmung aller Sinnesreize. Verschiedene oder alle seiner Sinne sind sehr empfindsam, und diese Menschen bearbeiten alle Wahrnehmungen in sich sehr gründlich. Wegen dieser Fähigkeit zähle ich diesen Menschen-Typ auch zu den Tiefsinnigen. Die weiteren Begründungen und Erklärungen findest du auf den nachfolgenden Seiten.

Viele Menschen, die mir in den vielen
Jahrzehnten meines Lebens begegnet
sind und auch heute noch begegnen,
leiden unter ihrer Hochsensibilität. Sie
fühlen sich als Randgruppe, teilweise
ausgeschlossen von der Gruppe der
Menschen, die mehr oder weniger
sorglos, mutig und weitgehend angstfrei
auf die diversen Ziele lossteuert.

Weil der hochsensible Mensch alles sehr
gründlich verarbeitet, kommt es häufig
vor, dass er dafür auch mehr Zeit, aber
vor allen Dingen auch mehr Kraft dafür
benötigt.

Die Grundbedingung für den
hochsensiblen Menschen heißt, dafür zu

sorgen, dass seine Nervenbelastungen nicht überhandnehmen.

Durch den höheren Kraftaufwand, den der Hochsensible für seine Verarbeitung benötigt, ist er in der Regel schneller angestrengt, weniger belastbar.

Wegen der Empfindsamkeit seiner Wahrnehmungen, fühlt er sich in der Regel eher „genervt", gereizt und belastet, und seine Gefühle trügen ihn nicht. Die Grenze seiner Belastbarkeit liegt weit unter der Belastbarkeit jener Menschen, die nicht hochsensibel sind und mit einem „dicken Nervenkostüm" oder, wie man im Volksmund sagt, einem „dicken Fell" ausgestattet sind.

Um als hochsensibler Mensch nicht benachteiligt leben zu müssen, ist es wichtig, sich zu erkennen, sich zu akzeptieren und mit der Hochsensibilität positiv leben zu lernen.

Als Kind hörte ich von meinem Vater den Spruch, den ich noch heute in meinem Gedächtnis finde:

Ich wünscht, ich wär ein Elefant,

dann würd ich jubeln laut:

Es wär nicht wegen des Elfenbeins

nein, wegen der dicken Haut.

Ich denke mir, dass dieser Spruch von einem hochsensiblen Menschen stammt, der sich ein gutes Nervenkostüm gewünscht hat, und der sich zwischen den weniger sensiblen Menschen nicht wohl fühlte. Auch entnehme ich diesen Worten, dass dieser Dichter sich benachteiligt fühlte und seine hohe Sensibilität nicht wirklich positiv einsetzen konnte. Er beneidete die weniger sensiblen Menschen und litt offenbar unter den Nachteilen, die ein hochsensibler Mensch haben kann. Doch genau hier kann jeder hochsensible Mensch ansetzen. Er hat die Möglichkeit, auch in positiver Weise intensiver und besser leben zu können und kann in sich die kreativen Potenziale entdecken, die er aus seiner Seele schöpfen kann.

Die tief verarbeiteten Eindrücke beinhalten ein großes Potenzial an kreativen Schöpfungen. Von allem, was ein Mensch erlebt hat, findet er ein Echo in seiner Seele.

Sehr viele Menschen behaupten von sich, nicht kreativ zu sein, doch in der Regel kann jeder Mensch in sich etwas erwecken, das in ihm eine Kreativität fließen lässt (mehr dazu im weiteren Verlauf dieses Buches).

Der gläubige Mensch ist davon überzeugt, dass er von (einem) Gott nach dessen Ebenbild erschaffen wurde. So ist es auch nachvollziehbar, dass in jedem Menschen eine schöpferische Kraft liegt, auch wenn sie zuweilen (noch) im Verborgenen liegt.

Und mit all diesem Wissen über die hochsensiblen Menschen und der Möglichkeit aus meinen kreativen Potenzialen schöpfen zu können, bin ich mir ganz sicher, dass es gut für mich ist, ein hochsensibler Mensch zu sein. Ich möchte nicht das sprichwörtliche „dicke Fell", keine „Elefantenhaut" als meine Haut besitzen. Ich mag meine sensible Haut.

Rainer Maria Rilke

drückt seine Empfindungen, seine hohe
Sensibilität in einem Gedicht aus:

*Wenn es nur einmal so ganz
stille wäre,*

*Wenn das Zufällige und
Ungefähre,*

*verstummte und das
nachbarliche Lachen,*

wenn das Geräusch, das meine
Sinne machen,

mich nicht so sehr verhinderte
am Wachen,-

dann könnte ich in einem
tausendfachen Gedanken

bis an deinen Rand dich
denken

und dich besitzen (nur ein
Lächeln lang),

um dich an alles Leben zu
verschenken,

wie einen Dank

Nimm dir eine Pause! Betrachte eine Blume oder ein Blatt (wenn es bei dir passt, direkt in der Natur),sieh, wie kreativ die Natur ist!

Warum ich dieses Buch schreibe?

Das Thema Hochsensibilität ist wichtig. Gerade in dieser schnelllebigen Zeit müssen wir lernen, uns immer wieder auf uns zu besinnen. Ganz neu scheint dieses Thema zu sein, denn es taucht gerade überall im Internet, in den Medien frisch auf, als ob eine neue Generation von besonderen Menschen geboren sei.

Dabei gibt es die hochsensiblen Menschen schon seit Ewigkeiten, doch ihre Anlagen wurden selten beachtet, häufig noch weniger geschätzt, manchmal sogar tabuisiert. Gerade in der heutigen Zeit einer allgemeinen großen Kommunikation durch die Medienbereiche, sollte dieses Tabu gebrochen werden. Es ist wichtig, dass die verschiedenen Menschengruppen einander verstehen, sich kennenlernen.

Da ist es besonders wichtig, dass sich die Menschen, die der Gruppe der hochsensiblen Menschen angehören, miteinander verbinden, um sich auszutauschen, um Gemeinsamkeiten miteinander zu teilen. Aber es ist genauso wichtig, dass die Gruppe der weniger sensiblen Menschen nicht nur Verständnis aufbringt für die hochsensiblen Menschen, sondern es ihnen auch ermöglicht, in den Positionen zu agieren, in denen sie ihr Bestes geben können. Die weniger sensiblen Menschen müssen lernen, rücksichtsvoller, aufmerksamer, achtsamer zu werden, besonders im Zusammenleben mit den hochsensiblen Menschen.

Da ich in einer Umgebung von hochsensiblen Menschen aufgewachsen bin und auch im weiteren Leben häufig von ihnen umgeben war, berichte ich, 76 Jahre alt aus meinen zahlreichen Lebenserfahrungen.

Sensibilität ist keine Krankheit, sondern eine besondere Veranlagung, die man in sich erkennen und akzeptieren sollte, um den richtigen Umgang damit zu erlernen.

Meine eigene Geschichte ist ein Leben mit der Hochsensibilität.

In diesem Bericht mag sich der eine oder andere Leser wiederfinden und erhält Gedanken-Anregungen zum Leben seiner eigenen Hochsensibilität.

Im Jahr 1948, in der Nachkriegszeit wurde ich als viertes Kind einer Künstlerfamilie geboren.

Meine Mutter war nicht nur Pianistin, musikalisch hochbegabt, sie hatte auch Begabung zum Zeichnen und Dichten. Wegen ihrer eigenen Sensibilität litt sie viele Jahrzehnte ihres Lebens an Migräne, hatte Magengeschwüre und Gallensteine. All diese Zeugnisse des Körpers zeigen an, dass die Künstlerin von Alltags- und anderen Problemen zu sehr gestresst wurde.

Mein Vater, Kunsthistoriker und Doktor der Philosophie, spielte ebenfalls Klavier, malte, dichtete und schrieb kunsthistorische Reiseführer. Er litt viele Jahre an Bluthochdruck und Herzrhythmusstörungen, die später dazu führten, dass man ihm einen Herzschrittmacher einsetzte. Dies ist ebenfalls ein Zeichen, dass er ständig zu vielen Stressmomenten ausgesetzt war.

Auch wenn man sich damals noch nicht über das Wort „Hochsensibilität" Gedanken machte, bin ich davon überzeugt, dass man meine beiden Eltern zu diesen hochsensiblen Menschen zählen sollte.

Meine Mutter machte sich stets viele Sorgen um uns, die sie uns mitteilte. Ein besonders schwerer Schicksalsschlag war die Krankheit meiner ältesten Schwester, die auf dem Weg zum Erwachsenwerden unter verschiedenen Krankheitssymptomen einer psychischen Störung litt. Ich war sensibilisiert für die sensiblen Menschen um mich herum und für Menschen mit Krankheitssymptomen.

Ich erinnere mich an erste Angstmomente in meinem Leben: allein in einem dunklen Zimmer, Angst vor diversen Erwachsenen, unbestimmte Angstgefühle.

Asthma in frühester Kindheit führte zu einer Sensibilität der Lunge, im Kindesalter folgten Keuchhusten, zwei Lungenentzündungen, eine Rippenfellentzündung. Eine Aversion gegen Milch und Butter ließ mich diese Produkte meiden. Beim Autofahren (Gefahren-werden) entwickelte ich häufig Übelkeit, offenbar eine Reaktion „des Gleichgewichtssinns".

Ich besuchte keinen Kindergarten, sondern erfand recht viele Spiele der Fantasie, da meine größeren Geschwister zu dieser Zeit schon die Schule besuchten und ich oft auf mich allein gestellt war, zum Beispiel, wenn es meiner Mutter nicht gut ging. Ich erfand Freundinnen, die es nicht gab, fantasierte und spielte mit den nichtexistenten Personen.

Da ich in der Grundschule noch eine recht gute Schülerin war, hielten sich in dieser Zeit meine Ängste in Grenzen, besonders da ich bald entdeckte, dass es ein paar Dinge gab, die ich besser konnte als viele andere. Das waren das Zeichnen, das Malen, das Geschichtenschreiben und die Fähigkeit, mich in andere hineinzuversetzen. Dies führte mich dann schon im frühsten Schulalter zum Theaterspielen in Laiengruppen. Wo sich auch immer eine Gelegenheit ergab, spielte ich diverse Rollen. Oft führten meine Schwester und ich Sketche, kleine oder größere Stücke auf, die wir jedem Publikum präsentierten.

Ab dem 5. Schuljahr, dem ersten Jahr im Gymnasium setzte ich mich unter Leistungsdruck. Verschiedene Ängste hemmten mich, aus mir herauszugehen. Da paarte sich die Versagensangst, mit einer grundsätzlichen Angst, Fehler zu machen, verband sich mit der Angst, sich vor den Mitschülern zu blamieren.

Gleichzeitig war ich in einen Kreis neuer Mitschülerinnen gekommen, die fast alle einer gehobenen Klasse angehörten. Es gab in meiner Schulklasse viele Mädchen, deren Eltern teilweise bedeutende Persönlichkeiten und vor allen Dingen sehr begütert waren. Diese Schülerinnen legten sehr viel Wert auf ihr Äußeres, auf ihr Image und auf alles Materielle.

Eine besondere Ideologie für ideelle Werte hatte man mir jedoch im Elternhaus schon präsentiert und mir als erstrebenswerte Zielrichtung vorgelebt. Damit passte ich sehr schlecht zu meinen Mitschülern, besonders zu der Elite-Clique, die sich zu einer besonderen Gruppe zusammengeschlossen hatten.

Da ging es nur um Partys, Modellkleider und sonstige Mode.

So gab es nur wenige Mitschülerinnen, die ähnlich dachten wie ich, sehr wenige, die ähnlich fühlten. Mit diesen Mitschülerinnen verband mich lockere Bekanntschaft, und nur mit einer einzigen eine tiefe und echte Freundschaft, die auch noch bis heute besteht.

Mit zwiespältigen Gefühlen fühlten wir, meine Freundin und ich, uns von den anderen ausgeschlossen und belächelt. Da gab es auf der einen Seite den Wunsch, von der Gruppe der coolen Mädchen der Eliteklasse aufgenommen zu werden, auf der anderen Seite war ich glücklich mit meinen kleinen Talentchen, die mich anders sein ließen und mir auf anderer Seite wieder Lob einbrachten.

Während die Krankheit meiner Schwester das Leben unserer Familie fortlaufend beeinflusste, wurden meine Schulnoten zusehends schlechter.

Hinzu kam, dass ich sehr enttäuscht wurde, als ich herausfand, dass es im Leben nicht nur gerecht zugeht. Alles deutete darauf hin, dass Noten nicht immer gerecht und nicht nach Leistung verteilt werden. Man munkelte, dass die einflussreichen Eltern der VIP-Mädchen alles, auch unerlaubte Dinge taten, um ihren Töchtern gute Noten zu verschaffen. Dieses Erlebnis deprimierte mich.

Während einer kurzen, indifferenten Depressionsphase in der Pubertäts-Zeit besuchte ich zwei Male eine Psychotherapeutin, die damals noch „Nervenärztin" genannt wurde. Nach ein paar Gesprächen ging es mir wieder besser.

Mein Wunsch nach einer Selbstständigkeit und einer Familie, in der ich den Traum einer harmonischen Lebensgemeinschaft verwirklichen wollte, führte mich dazu, dass ich mit 20 Jahren heiratete. So wurde ich mit 21 Jahren und mit 23 Jahren Mutter zweier Wunschkinder.

Doch inzwischen hatte sich in mir unbewusst eine Verhaltensweise eingenistet, mit der ich mir überall Frieden erkaufte: Ich richtete mich meist nach anderen Menschen, verzichtete auf Auseinandersetzungen und Streit. Mit Diplomatie und Zurücknahme der eigenen Person hielt ich das Kartenhaus meiner ersten Partnerschaft über 23 Jahre aufrecht. Lediglich wenn es um die Kinder ging, konnte ich die kämpferische Löwin sein.

Nach Magengeschwüren und einer empfohlenen Therapie bei einem Psychotherapeuten gewann ich langsam die Einsicht, dass in meinem Leben einiges falsch lief und ich mich ändern musste.

Nach der Scheidung dauerte es nicht lange, bis ich erneut heiratete. Doch ich hatte immer noch nicht gelernt, genügend auf mich und meine Hochsensibilität zu achten.

Ich arbeitete zu viele Stunden als Lebensberaterin, teilweise auch nachts, und so manövrierte ich mich selbst im Alter von 63 Jahren in einen extrem starken Burnout.

Ein viel zu hoher Blutdruck konnte im Krankenhaus nicht zufriedenstellend behandelt werden, und es stellten sich bei mir aufgrund dessen Panikattacken ein.

Nach einem Jahr guter therapeutischer Beratung stellten sich Besserungen ein, sodass ich anschließend mit Hoffnung in die Zukunft schauen konnte. Nach drei Jahren guter und regelmäßiger Behandlung bei einer Verhaltenstherapeutin und einem Besuch beim Kardiologen konnte ich die Medikamente absetzen.

Ebenso konnte ich das Zusammenspiel meiner Seele, Psyche und des Körpers besser erkennen lernen. Auch in den weiteren Jahren trainierte ich, wie man seinen eigenen Körper instruieren kann, auf die eigenen Anweisungen zu hören. Zunächst einmal begann ich mit Atemübungen und Entspannungsübungen.

Die Auswirkungen auf meinen Körper zeigten mir, wie gut er mit mir zusammenarbeitet, wenn ich ihn instruiere.

Im Laufe der nächsten Jahre lernte ich, nicht nur auf mein Bauchgefühl, sondern auf jeden Hinweis, den mir mein Körper gibt, zu achten.

Meine erlernten Erfahrungen

Wenn man auf seine Körpersprache hört, nimmt man die Weckrufe und Warnungen seines eigenen Körpers wahr. Durch An- und Verspannungen verschiedener Art teilt er uns mit, dass man sich entspannen muss. (Kopfschmerzen, Verspannungen der Muskulatur, Rückenschmerzen, diverse Schmerzen, Ängste usw.)

Zum Entspannen sollte man sich individuell die richtigen Betätigungen

oder Hobbys aussuchen
(Atemtherapien, Meditationen, kreative
Hobbys, Sport usw.). Siehe speziell auf
den nachfolgenden Seiten über Hobbys
etc.

Es ist nicht nur interessant, sondern tut
auch gut und stärkt, wenn man spürt,
wie gut und schnell der Körper reagiert,
und dass man ihn „regieren" kann.

Das Gefühl, seinen Körper „im Griff" zu
haben ist ein Gefühl der Stärke und hebt
das Selbstbewusstsein.

Da ich inzwischen auch meine
Hochsensibilität als Geschenk betrachte,
fühle ich mich beauftragt, dieses
Geschenk dankbar zu behandeln.

Aus ihr erwächst eine große Kreativität,
die ich schützen möchte.

Um sie zu schützen, muss ich nach
jedem Stress eine Stress-Entlastung
suchen, eine Entspannung.

Um dieses Geschenk zu schützen, achte ich sorgfältig darauf, meiner Seele und Psyche Seelennahrung zuzuführen.

Ein Spaziergang in der Natur, eine kurze Beschäftigung mit einem Tier oder Kind, eine Kommunikation mit einer lieben Person, eine kleine sportliche Übung, eine Meditation, eine kreative Beschäftigung bringen mich wieder in die Harmonie, in das körperlich-seelische Gleichgewicht.

Selbstverständlich bringt das Leben stets neue Aufgaben, neue Probleme und auch Schicksalsschläge, denen man nicht aus dem Weg gehen kann.

Man muss wissen, dass man immer wieder an einen Punkt gebracht werden kann, an dem man ganz von vorn anfangen muss, sich zu besinnen (sich zu BE-SINNEN), sich zu finden und sich wieder positiv aufzubauen.

Da das Leben in allem einen
wechselhaften Rhythmus hat (Einatmen
und Ausatmen, Tag und Nacht usw.),
steht man ständig unter neuen
Herausforderungen, denen man sich
stellen darf.

Diese Herausforderungen stärken Seele,
Psyche und Körper und weben
sozusagen ein Netz zur Immunisierung.

Dabei ist eine grundsätzliche
Lebenshaltung wichtig. Viele Menschen
fühlen sich vom Pech verfolgt und sind
frustriert, in der Annahme, das Leben
oder die Menschen hätten etwas gegen
sie.

Die gesunde Haltung basiert auf dem
Lerneffekt. Jedes Erlebnis, ob positiv
oder negativ, kann, wenn es richtig
verarbeitet wurde, zur Stärkung des
Selbstbewusstseins führen. Alles, was
wir erfolgreich hinter uns gebracht
haben, woraus wir etwas gelernt haben,

ist eine Erfahrungsbasis, die uns für die Zukunft stärken und auch schützen kann.

Diesen Effekt können wir noch verstärken, indem wir uns selbst loben. Und das nicht nur für große Erfolge, sondern für alles, was wir schaffen.

Das gilt besonders für Tätigkeiten, die wir ungern tun, gegen die wir Aversionen haben. Es ist nicht immer möglich, sie zu meiden, aber wir sollten uns bewusst sein, dass wir alles, was wir tun, freiwillig machen. Denn wenn wir etwas nicht wollen, können wir dazu „Nein" sagen.

Nach einer Tätigkeit, die uns weniger gefällt, sollten wir uns nicht nur loben, sondern auch entspannen. Mit der Zeit lernen wir auch, unserem Bauchgefühl zu vertrauen und vorzusorgen, möglichst noch bevor uns der Körper mitteilt, dass wir etwas tun, das uns nicht guttut.

Wir werden immer achtsamer, wenn wir beginnen, mehr auf unsere Gefühle und auf unsere Intuition und besonders auf unsere Körpersprache zu hören.

Diese Achtsamkeit sollte uns so selbstverständlich werden wie das tägliche Waschen (die seelischen Reinigungen durch Waschrituale habe ich in einem weiteren Buch mit Ratschlägen zusammengefasst: Damit du dich gut fühlst).

Mit unserer Hochsensibilität umzugehen, bedeutet Behutsamkeit und Geduld und einige Übung. Je älter wir sind, je mehr Negatives sich in uns angesammelt hat, desto länger kann der Lernprozess dauern, desto geduldiger müssen wir mit uns sein.

Auch in höherem Alter ist man nicht zu alt, wir sollten immer offen sein für neue Erkenntnisse, die uns Verbesserung bringen. Jeder sollte dafür offenbleiben, damit er letztendlich eine Möglichkeit hat, das Leben angenehmer und für sich erfolgreicher zu gestalten.

TIEF-SINNIG

Der Titel dieses Buches ist das Schlüsselwort zum Umgang mit der Hochsensibilität.

Das Wort „tiefsinnig" gebrauchen wir, wenn ein Mensch tief nachdenkt, er über etwas sinniert, tiefgründig nachdenkt, einen Sinn in einer Angelegenheit sucht und seine

Gedanken in die Tiefe bewegt. „Sinn" und „sinnieren" stehen dabei als deutliches Merkmal für die geistige, die Kopfarbeit.

Jedoch dürfen wir nicht vergessen, dass das Wort „Sinn" ebenfalls etwas mit dem verwandten Wort „Sinn" (Sinne) zu tun hat, in der Bedeutung unserer Sinnesorgane.

Die meisten Menschen kennen ihre sieben Sinne, die es ihnen ermöglichen, hören, sehen, schmecken, riechen, tasten, fühlen und die Körperbalance halten zu können.

Sich dieser Tief-Sinnigkeit in doppeltem Sinn bewusst zu werden, ist die Aufgabe der hochsensiblen Menschen. Es ist wichtig, seine Veranlagung zu erkennen, zu akzeptieren und Wege zu finden, das Leben mit dieser Veranlagung zu bereichern.

Jeder Mensch ist ein Individuum.

Und auch du weißt, dass die Ausbildung dieser Sinne sehr unterschiedlich ausgeprägt sein kann.

Bei den hochsensiblen Menschen findet man häufig besonders intensiv „fühlende" Sinne, die sehr empfindsam, manchmal auch empfindlich sein können.

Bei dieser Gruppe von Menschen, über deren Größe man sich nicht ganz einig ist (es schwankt zwischen ca. 15 und 30 %), trifft man sowohl auf die „tiefgründig denkenden" als auch auf die „tiefgründig fühlenden" Personen.

Mittlerweile gibt es Tests, nach deren Auswertung eine Hochsensibilität festgestellt werden kann.

In der Regel stellt man das im Laufe seines Lebens spätestens dann fest, wenn die Hochsensibilität zu Problemen oder zu Krankheiten führt.

Auf den nachfolgenden Seiten findest du Beispiele für Menschen mit hoher Sensibilität und Tipps, wie man mit dieser Veranlagung umgehen, wie man sie in sein Leben integrieren kann.

Leider wird sogar in der heutigen Zeit sowohl im Bereich der Psyche als auch im Bereich der Sensibilität immer noch viel zu viel tabuisiert. Bei einer psychischen Störung ist selbst in diesem Jahrhundert ein Gang zum Therapeuten leider immer noch nicht selbstverständlich.

Auf den nachfolgenden Seiten möchte ich sowohl die hochsensiblen Menschen als auch ihr Umfeld mit den typischen Merkmalen vertraut machen, Erklärungen hinzufügen und zu weiteren Gedanken anregen.

Empfindsamkeit und Belastbarkeit

Der Alltag

Hochsensible Menschen besitzen eine stärkere Empfindungsaufnahme, die sich auch in den einzelnen Sinnesorganen zeigt.

Ein sensibler Mensch kann nicht nur ein dünneres Nervenkostüm besitzen, sondern wird auch durch die äußeren Reize, die seine Sinnesorgane berühren, stärker beeindruckt, gegebenenfalls auch stärker belastet.

Häufig können sensible Menschen Lärm und Störgeräusche, sowie verschiedene Lichteinflüsse und Reflexe weniger gut vertragen. Auch Gerüche können störender empfunden werden, die Berührungen der Haut werden intensiver, manchmal auch störender wahrgenommen.

Da alle Sinnesorgane äußerst sensible „Antennen" besitzen, können Reizüberflutungen während des Alltags zu Belastungen und Störungen führen. Vor diesen Überflutungen sollte sich der sensible Mensch möglich schützen. Dies ist im Alltag häufig nicht möglich, sodass der sensible Mensch am Ende eines Tages eine ausgiebige Körper- und Seelenpflege benötigt, um die angespannten Nerven und überreizten Sinnesorgane wieder zu entlasten. Sich dazu Zeit zu nehmen, ist äußerst wichtig.

Tipps für den Abend:

Aus meiner Kindheit kenne ich noch den Abendspaziergang, den viele Menschen vor dem Zubettgehen unternahmen. Heute wird manchmal gejoggt, das schnelle Gehen kann je nach Typ ebenfalls gestressten Menschen Abhilfe schaffen. Sanfte Tanzbewegungen bei entspannender Musik verhelfen zu dem gewünschten Spannungsabbau.

Für sensible Menschen ist auch ein beschaulicher Spaziergang besonders sinnvoll, da er nicht nur dem Körper, sondern auch der Seele guttut. Ideal sind die kleinen Wege in die Natur, die neutralisierende Bilder zum hektischen Tagesalltag bieten können.

Große, späte Mahlzeiten am späten Abend belasten den Körper und hindern auch den Magen der sensiblen Menschen, zur Ruhe zu kommen. Ein kleiner, leicht verträglicher Imbiss am frühen Abend wirkt sich dagegen positiv aus.

Nach einer abendlichen Waschzeremonie (Bad oder Dusche) und Entspannungs-Ritualen ist es von Vorteil, sich von den Aufregungen und dem Ärger des Tages zu befreien. Je nach Geschmack greift man zu einem guten Buch, entspannender Musik oder einem sparsamen Gebrauch der Medien in entspannender Form.

Es empfiehlt sich, erst mit der richtigen Bettschwere, das Bett aufzusuchen. Hochsensible Menschen haben oft viele kreisende Gedanken, die verhindern, dass der Mensch einschlafen kann, obwohl er müde ist. Oft ist es gut, den Tag noch einmal Revue passieren zu lassen, um mit den Geschehnissen abzuschließen. Mit Ritualen oder Gebeten lässt sich der Kopf von den restlichen, belastenden Gedanken befreien.

Der Schlaf:

Jede Aufregung vor dem Schlaf sollte vermieden werden, stattdessen sind regelmäßige Entspannungszeiten zum „Herunterkommen" in ein mentales Gleichgewicht günstig.

Lieber erst ganz müde sein, oder sich „müde machen", anstelle grübelnd wach im Bett zu liegen!

Das Aufwachen in der Nacht nicht als störend empfinden! Es gab Zeiten, da haben die Menschen früher nachts noch etwas gegessen oder sich mit ihren Hobbys betätigt. Man kann lesen, schreiben, malen, Kreuzworträtsel lösen usw.

Auch ein Spazieren-Gehen in der Wohnung oder bei warmem Wetter auf dem Balkon/im Garten kann entspannend wirken.

Tipps für den Morgen:

Frühgymnastik, ein Morgengebet, eine ausgiebige Dusche, ein Morgenspaziergang bringen Körper und Seele in eine gute Balance.

Jeder Mensch hat seine individuelle Belastbarkeit. Für einen hochsensiblen Menschen sind die Reizüberflutungen des Alltags oft ein zu großer Stressfaktor.

Was kann man tun? Die ideale Lösung wäre eine individuell auf den sensiblen Menschen zugeschnittene Arbeit, nicht zu viele Stunden am Tag und mit vielen Pausen.

Das ist in der Regel nicht machbar.

Viele Menschen sind in einem Job, der weder ihre Talente berührt noch den Veranlagungen des Arbeitenden entspricht.

Kurzum, häufig arbeitet ein hochsensibler Mensch sowohl in einer stressigen Umgebung (Geräusche, verständnislose Kollegen, verständnisloser Chef), führt eine Arbeit aus, die ihm nicht liegt

und ist zusätzlich noch unter Erfolgsdruck gesetzt.

Die meisten Menschen arbeiten aus Existenzgründen und können daher ihre Arbeit nicht ohne weiteres aufgeben.

Auch ein Reduzieren der Arbeitsstunden ist aus diesem Grund häufig nicht machbar.

Lösungstipps:

Es müssen Entspannungspausen eingebaut werden.

Alternativ muss in der Freizeit zusätzlicher Entspannungsraum geschaffen werden.

Die individuell auf den hochsensiblen
Menschen zugeschnittenen Hobbys
müssen in der Freizeit mehr Raum
erhalten.

Kunst und Kreativität sind wertvolle
Hilfen zum Entspannen und Relaxen.

Im Idealfall wechselt man in einen
geeigneten Beruf, da dies in den meisten
Fällen nicht möglich ist, wird die
Verlagerung der geeigneten Betätigung
in die Freizeit verlegt.

Die Freizeit

Um die Kreativität in der Freizeit auszuleben, muss man kein Künstler sein.

Gewiss findet man unter den Malern, Bildhauern und zeichnerisch begabten Typen viele hochsensible Menschen, aber es gibt ein riesengroßes Spektrum an Betätigungsfeldern, bei denen man seine Sensibilität kreativ ausleben kann, ohne Künstler zu sein.

Hier ein paar Beispiel-Vorschläge:

Es fängt schon in der Küche an, denn beim Backen, Kochen und Rezepte erfinden muss man sich keinen Zwängen unterwerfen. Auch das Einkochen und Herstellen von Sirup und Säften ist wieder große Mode geworden. Mit Backteig lassen sich nicht nur schöne Geschenke, sondern auch hübsche Accessoires herstellen.

Im Bereich des Gartens, der Balkon- oder Zimmerpflanzen sind ebenfalls der Kreativität keine Grenzen gesetzt. Ob Gemüsebeet oder Blumenzucht, den eigenen Tomatenstrauch auf dem Balkon oder die Kakteen im Wohnzimmer und die Anzucht im Mini-Gewächshaus, hier darfst du mit anschauen, wie sich Leben entwickelt und unter deiner Pflege gedeiht.

Die Handarbeit, angefangen vom Nähen, Sticken, Häkeln und Stricken bietet ein großes Betätigungsfeld zum Entspannen. Was in anderen Jahrhunderten für die Frauen selbstverständlich war, ist heute allen Geschlechtern zugänglich, und dient (in Maßen) zur Abwechslung und Erholung.

Beim Basteln mit allen Materialien kann man Kreativität fließen lassen, ganz egal ob es sich um Papier, Stoff, Holz, Ton, Metall oder diverse andere Stoffe handelt, man kann seiner eigenen

Fantasie freien Lauf lassen oder sich in den zahlreichen Bastelanleitungen in unzähligen von Büchern Anregungen holen.

Ein paar spezielle Vorschläge:

Das Herstellen von selbst gemachtem Schmuck ist nicht nur eine kreative Betätigung, sondern kann mit deinen Resultaten als Geschenk verwendet werden und sehr viel Freude machen. Da gibt es ein riesengroßes Sortiment an Perlen (Holz, Glas), die man mit Schnüren verschiedener Art verbinden kann, auch Schmuckdraht lässt sich gut verwenden.

Selbst gebastelte Blumen aus Papier, Stoff und anderen Materialien (zum Beispiel Draht-Lackverbindung) verhelfen nicht nur bei der Herstellung zur Entspannung, sondern werden als Geschenke häufig geliebt.

Etwas Zeit aufwendiger ist die Herstellung von Emaille-Schmuck und Accessoires, sowie die der Herstellung von kleinen Schalen und Behältern, ebenfalls aus Emaille. In der Regel braucht man dazu eine ruhige Hand und den etwas speziellen Brennofen.

Selbst hergestellte Visitenkarten, Einladungen und Glückwunschkarten können dem Bastler Freude und dem Empfänger Spaß bereiten. Auch hier sind der Fantasie keine Grenzen gesetzt.

Auch im Bereich der Musik gibt es keine Grenzen, an die man sich halten muss. Unzählige Instrumente bieten die Möglichkeit, sich zu üben und zu betätigen. Und wer Spaß am Singen hat, selbst wenn die Stimme nicht zum Opernstar reicht, sollte dieses Organ nutzen, denn mit der richtigen Atemtechnik ist auch das Singen in vielerlei Hinsicht sehr gesund.

Klangschalen sind gut zu bedienen und eignen sich für Meditation und Entspannung.

Auch selbstgebastelte Instrumente, wie zum Beispiel Klangelemente aus Holz oder anderen Materialien, sowie mit Wasser gefüllte Gläser sind bereit für kreative Bedienung und fördern die Kreativität.

Aber nicht nur die Betätigung in kreativer Form mit Ton und Klang, sondern auch der Hörgenuss kann die Seele bereichern, die Entspannung fördern, dabei gibt es vielfältige Möglichkeiten, sich einer Meditationsmusik oder jeder anderen Musikdarbietung zu bedienen.

Individuell gibt es die Möglichkeit, auch den Rhythmus anzusprechen, bei Musik und Gymnastik, bei Musik und Tanz, auch hierbei sind der Fantasie keine Grenzen gesetzt.

Beim Spazierengehen und Joggen, bei allen sportlichen Beschäftigungen darf auch der Körper kreativ sein oder sich sogar auspowern. Auch Mental-Sport eignet sich gut zur Erholung, dazu muss man nicht zwangsläufig zum Gruppensport gehen, kleine Videos im Internet geben Anleitungen, und nicht zuletzt kann man sich selbst bei eigenen sportlichen Bewegungen bewusst mit seinen eigenen Gefühlen verbinden.

Ein kleines Beispiel: Du willst dich austoben? Tanze bei der entsprechenden Musik die selbst erdachten Bewegungen einer wilden Tarantella! Rock'n Roll oder Twist eignen sich zum Auspowern.

Du willst dich harmonisch mild erholen? Stell dir für die stillere Entspannung einen sanften Blues, beispielsweise mit einem sanften Song von Louis Armstrong in Hörweite ein!

Fühle dich in die Musik ein, fühle dich in den Rhythmus ein! Lass dich einfach mitschwingen!

Auch in der gesamten klassischen Musik findest du ein reichhaltiges Repertoire unterschiedlichster Melodien und Rhythmen, die deine sämtlichen Wünsche nach sanfter oder

temperamentvoller Stimmung
befriedigen können.

Ein paar Vor- und Nachteile der Hochsensibilität.

Ein hochsensibler Mensch verträgt weniger Stress, da alle Eindrücke wesentlich tiefer in seine Sinne eindringen (tief-sinnig).

Häufig ist er dadurch überfordert und muss sich entstressen. Dies muss man in der Regel erst lernen. Weil die meisten hochsensiblen Menschen noch nicht gelernt haben, ihre eigenen Grenzen zu finden und zu ziehen, setzen sie sich ständig unter Leistungsdruck und versuchen, sich dem Rest der Menschheit anzupassen und sich an ihnen und ihrer Leistung zu orientieren.

Dies führt dann zu Mißerfolgen und Enttäuschungen, oft gerät ein großer, negativer Kreislauf ins Rollen.

Die hochsensiblen Menschen wollen weiter mit den anderen mithalten und

setzen sich viel zu hohe Erfolgsziele,
selbst noch im angeschlagenen Zustand.

Dieser Dauerstress führt dann häufig zu
psychischen Störungen, zu
Angststörungen, Panikattacken, Burnout
und teilweise zusätzlichen körperlichen
Störungen wie beispielsweise
Kopfschmerzen, Migräne,
Verspannungen, Sehstörungen,
Schwindelgefühle, Rückenschmerzen,
Magenschleimhautentzündungen und
Magengeschwüren usw., wodurch ein
Besuch bei Fachärzten und Therapeuten
notwendig wird.

In diesen und in allen weniger
gravierenden Fällen ist es für den
hochsensiblen Menschen wichtig,
zunächst einmal sich selbst und seine
eigenen Bedürfnisse kennenzulernen.

Mit ganz kleinen Zielen muss er
ausprobieren, was ihm guttut und wie

weit er mit seinen Kräften
(Nerven/Körper) gehen kann.

Dabei sollte er lernen, ganz genau auf
die Reaktionen in der Psyche (Gefühle)
zu achten und die Reaktionen des
Körpers zu sehen, zu erkennen.

Es ist wichtig für jeden, herauszufinden,
wie viel Stress er vertragen kann. Da es
bekannt ist, dass es auch einen
gesunden Stress gibt, ist es wichtig
kleine Stresssituationen in jeder Form zu
testen.

Zum Entspannen durch bewusste
Anspannung und Entspannung wurden
einige medizinische Methoden
entwickelt. Dazu gibt es begleitend CDs
für die Methoden des Muskeltrainings.
Man lernt, seine Muskeln anzuspannen
und wieder zu entspannen. Dabei
beginnt man mit den Händen, die
angespannt werden, bearbeitet den
ganzen Körper und endet mit den

Füßen, ebenfalls mit der Anspannung, dann verfolgt man diesen Weg rückwärts, beginnt mit der Entspannung bei den Füßen und endet bei den Händen. Bei der Anspannung erzeugt man positiven Stress. Später bei der Entspannung lernt man seine Muskeln zum Entspannen des Stresses zu gebrauchen.

Nach einem guten Training kann man diese Entspannungs-Übungen auch mental ausüben (ohne sich sichtbar zu bewegen. Eine gute Übung für unterwegs, auch im Wartezimmer ideal. Die CDs mit Anleitung werden überall dazu angeboten, sogar von einer Krankenkasse.

Was ist positiver Stress?

Wir empfinden ihn, wenn wir uns über eine Aufgabe freuen, von der wir wissen, dass wir sie auch bewältigen können. Dabei können wir uns freuen und trotzdem aufgeregt, erregt sein. Auch dabei befindet sich der Mensch in einer Anspannung, die jedoch nicht schädlich ist.

Eine intensive, schwierige Arbeit, die uns Spaß macht, kann uns in gesunden Stress versetzen.

Bei ungesundem Stress wird die Psyche häufig unter einen Leistungsdruck gesetzt, zuweilen verbunden mit einer negativen Erwartungshaltung (von uns, von anderen).

Alles muss schnell gehen, und wir fürchten, unsere Arbeit nicht zu schaffen, nicht gut erledigen zu können.

Wir wollen alles richtig machen und möchten unser Pensum für alle zufriedenstellend erledigen, selbst wenn wir unter Stress gestellt werden. Wir wollen es uns und den anderen beweisen. Wir setzen unsere eigenen Maßstäbe hoch oder lassen uns nötigen, den Anforderungen anderer gerecht zu werden, auch wenn sie zu stressig, zu hoch sind.

Wir wollen schnell und gut sein und unseren Mitmenschen beweisen, dass wir stark sind. Wir stressen uns, wenn wir zu viel von uns verlangen.

Im Arbeitsbereich wird der Druck auch von fremden Personen hervorgerufen, die uns Stress vorsetzen. Hochsensible Personen lassen sich häufig darauf ein, um nicht in noch größere Schwierigkeiten zu kommen. Man möchte seine Arbeit zufriedenstellend verrichten, gut sein, seine Arbeit

behalten, und dafür lassen sich viele
Menschen auch stressen.

Nicht jeder Stress ist vermeidbar, das ist
für jeden ungesund, aber besonders der
sensible Mensch muss in diesem Fall auf
genügend Ausgleich achten.

Es gibt verschiedene Situationen und
verschiedene Arten von Stress und
Druck, die uns belasten. Wenn wir
gezwungen sind, etwas allzu schnell zu
erledigen, ist dieser Stress offensichtlich.

Es gibt auch emotionalen Stress, der
weniger gut zu erkennen ist. Er wird uns
im zwischenmenschlichen Bereich
geboten, und wir können lernen, uns
nicht darauf einzulassen.

Wir können vermeiden, uns davon
stressen zu lassen, dazu müssen wir
stark und selbstbewusst werden.

Ein kleines Beispiel:

Tina und Maria sind Freundinnen. Tina hat eine weitere Freundin: Lena.

Maria fühlt sich ausgeschlossen, wenn Tina etwas mit Lena allein unternimmt, sie ist eifersüchtig.

Tina liebt Kriminalfilme, Maria liebt Liebesfilme.

Tina lädt Maria ins Kino ein, zum Anschauen eines Kriminalfilms.

Maria mag keine Kriminalfilme, sie fühlt sich beim Anschauen dieser Filme nicht gut. Aber sie nimmt Tinas Einladung an, um Maria einen Gefallen zu tun, der Freundin zu gefallen und Maria nicht an Lena zu verlieren.

Maria handelt gegen ihre eigenen Gefühle, nur um der Freundin zu gefallen, setzt sie sich selbst unter Druck, etwas zu tun, das ihr nicht guttut.

Dieses Beispiel kann man in alle Situationen und Personenkreise übersetzen, zum Beispiel:

Kind und Elternteil

Freunde untereinander

Paare untereinander

Arbeitgeber und Arbeitnehmer

Bei diesem Beispiel geht es darum, einem anderen zu gefallen und dabei sich selbst in Stress zu setzen.

Selbstverständlich ist ein Leben in der Gemeinschaft nicht ohne Kompromisse möglich, aber besonders die hochsensiblen Menschen sollten prüfen, wie weit sie sich unter Druck setzen, wenn sie mehr, als es ihnen guttut, einem Mitmenschen/ Partner nachgeben und sich selbst und die eigenen Bedürfnisse vernachlässigen.

Emotionaler Druck, psychischer Druck werden oft unterschätzt, weil man die negative Wirkung nicht immer unmittelbar daraufhin spürt, weil man die unangenehmen Nachwirkungen (Kopfschmerzen, Schwindelgefühle, Magendruck usw.) manchmal erst spürt, wenn die Anspannung bereits abgeklungen ist.

Man ist gezwungen, im Nachhinein zu den Situationen zurückzufinden, die gestresst und geschadet haben. Das ist nicht immer leicht, da man auch den Druck nicht immer sofort erkennt, die Situation manchmal nicht gleich durchschaut.

Tatsächlich „gewöhnen" sich auch viele hochsensible Menschen an diesen Dauerstress, weil sie „funktionieren" möchten und den Stress nicht so wichtig nehmen.

Die Stresssituation wird als „normal"
empfunden, und der hochsensible
Mensch fühlt sich selbst schlecht und
minderwertig, weil er sich immer wieder
als Störfaktor oder Versager fühlt, der
sich nicht ein- und anpassen kann.

Dazu sollte er sich immer wieder vor
Augen führen, dass die Hochsensibilität
keine Krankheit ist, sondern eine
besondere Veranlagung, auf die er und
andere Rücksicht nehmen sollten. Er
sollte sich bewusst machen, dass diese
besondere Veranlagung von der Natur
gewollt ist.

Als positiven Ausgleich darf er sich
immer wieder vor Augen führen, dass
ihm diese Veranlagung große Talente
wie beispielsweise Empathie und
Einfühlsamkeit geschenkt hat, die
seinem Leben Bereicherung bringen
kann.

Mittlerweile haben sich sehr viele Selbsthilfegruppen und auch kleinere Vereine gegründet, die dieser Menschengruppe ihren Weg weisen und das Leben der hochsensiblen Menschen verbessern möchten.

Auch in vielen Berufszweigen hat man begonnen, zu diskutieren, wie und wo man die hochsensiblen Menschen gezielt einsetzen kann, damit diese Menschengruppe mit ihrer Veranlagung die besten Ziele verfolgen kann.

Ich beziehe mich dabei auf eine Dokumentation im Fernsehsender 3Sat, in der unter anderem auch ein Mitwirkender der Polizei über geeignete Möglichkeiten sprach und berichtete, wie gut es sei, in Zukunft mehr sensible Menschen sinnvoll in die Berufe der Polizeiarbeit zu integrieren, da es dort verschiedene Berufszweige gibt, bei denen Empathie und ein gutes Gespür besonders gefragt sind. Auch in anderen

Berufszweigen beginnt man über das Einsetzen empathischer Menschen in besonderen Positionen nachzudenken.

Und schon sind wir bei den Vorteilen, die die hochsensiblen Menschen für sich verbuchen können.

In vielen sozialen Berufen ist die Empathie äußerst gefragt, ein Gespür, ein gutes Bauchgefühl, ein intuitives Verhalten können in vielen Berufszweigen zu Erfolgen führen (zum Beispiel in allen medizinischen Berufen wie Arzt, Kranken- und Altenpfleger, Therapeuten jeder Art u.a.).

Und doch gilt auch hier das, was grundsätzlich für alle hochsensiblen Personen wichtig ist: Die eigene gesundheitliche Kraft, seelisch, nervlich und körperlich darf nicht überschätzt werden.

Die Art und die Zahl der Arbeitsstunden
müssen individuell angepasst werden.

Der größte Vorteil, den ein
hochsensibler Mensch hat, ist folgender:

Mit seiner Achtsamkeit ist er es häufig
schon gewöhnt, auf seine
Körperfunktionen achtzugeben, und
selbst wenn er diese Achtsamkeit für
seinen Körper noch nicht entdeckt hat,
so hat er die Möglichkeit, sich **mental
mit seinem Körper zu verbinden**.

Die ersten Probeerfahrungen im Bereich
„Körperbeherrschung" kann man bei
Atemübungen entdecken. Man misst

den Blutdruck und den Puls und notiert
die Daten von Blutdruck und Puls.

Anschließend startet man eine kleine
Serie von 6 tiefen Atemzügen: ein tiefes
Einatmen mit geschlossenem Mund,
anschließend -ohne Pause - atmet man
tief und lange mit geöffnetem Mund
aus, bis sich das Gefühl des Ausatmens
im Magen und im Oberbauch
bemerkbar macht.

Wenn man daraufhin wieder den
Blutdruck und den Puls misst, ist der
Puls ruhiger geworden, und der
Blutdruck ist ein wenig gefallen. Dies
zeigt, dass man selbst die Macht hat,
seinen Körper (auch „mechanisch“) zu
beeinflussen.

Das probieren wir in ähnlicher Form
beim schnellen Gehen: Zuerst werden
Blutdruck und Puls gemessen und
notiert, nach einem schnellen Gang oder
einem Treppensteigen ist der Blutdruck

erhöht, messen wir kurz darauf noch einmal, ist der Blutdruck niedriger geworden als vor unserer Betätigung.

Ein hochsensibler Mensch hat auch die Möglichkeit, seinen Körper mental zu „regieren".

Wenn wir die Entspannungsübungen des Körpers (da gibt es viele CDs, auch eine bekannte Krankenkasse stellt etwas derartiges zu Verfügung) perfekt beherrschen, müssen wir sie nicht mehr mit Bewegungen ausführen, sondern können unseren Körper mental beauftragen, diese Anspannungs- und Entspannungs-Übung auszuführen.

Auch Entspannungsreisen und weiteres mentales Training zeigen uns, wie eng wir mit unserem Körper verbunden sind und wie schnell und gut er auf uns reagiert.

Mit der Hochsensibilität spüren wir
schneller und intensiver die Verbindung
von Körper, Psyche und Seele, können
eher und schneller mit unserem Körper
kommunizieren, ihn trainieren, ihn
„regieren".

Als hochsensibler Mensch kann man
schnell einen besseren Bezug zu seinem
Körper finden und bei kleineren
Störungen eine gute Selbstheilung in die
Wege leiten.

Wenn sich Psyche, Seele und Körper in
Harmonie befinden, kann sich der
Körper besser und schneller vom Stress
erholen.

Beispiel: Kopfschmerzen

Vor einigen Jahren litt ich stark unter
Migräne, die mir sehr zu schaffen
machte.

Nachdem mir ein Arzt ein Migräne-
Medikament verschrieb, das ich immer

in meiner Tasche trug, verringerten sich die Anfälle und verschwanden schließlich bald. Allein die Angst vor den Migräneanfällen hatte mich anfälliger für diese Anfälle gemacht.

In der nachfolgenden Zeit bekam ich ab und zu Kopfschmerzen. Da ich eine Aversion gegen Tabletten habe, und sie nur im äußersten Notfall nehme, begann ich beim Anflug der Kopfschmerzen mit Entspannungs-Übungen. Als ich spürte, wie gut ich auf Entspannungs-Übungen reagiere, ließen auch die Kopfschmerzen nach.

Es ist wichtig, sich klarzumachen, wie eng die Verbindung von Psyche, Seele und Körper ist. Befinden sie sich in einer harmonischen Einheit, lassen sich kleine Probleme schneller durch Selbstheilung lösen.

Warnung:

Selbstverständlich bedeutet das nicht, den vernünftigen Gang zum Arzt zu unterlassen. Lass dich stets von einer Fachkraft untersuchen und abklären, welche gesundheitlichen Probleme vorhanden sind. Auch Verhaltenstherapeuten und Psychotherapeuten sind stets erst einmal hinzuzuziehen, bevor du deine Störungen mit einer Eigenbehandlung sinnvoll unterstützen darfst.

Nach und nach wird es dir Freude bereiten, zu sehen, wie hilfreich es sein kann, mit dem Körper zu kommunizieren, auf seine Warnzeichen zu achten und ihm aus eigenen Kräften zu helfen.

Nicht nur zur Selbstheilung ist es gut, tief zu fühlen, tief zu spüren, tief zu denken, sondern auch, um das ganze Leben intensiver wahrnehmen und genießen zu können.

Ein besonderes Geschenk ist es, sich von der Natur Kraft holen zu dürfen.

Es fängt mit den Augen an. Wenn du in den Himmel schaust und die ziehenden Wolken betrachtest, kannst du dich mental für dieses Bild öffnen. Du kannst die Weite des Himmels spüren, in dich aufnehmen und ein befreiendes Gefühl empfinden. Wenn du dabei zusätzlich noch tief ein- und ausatmest, kannst du die Wirkung verstärken.

Augen werden nicht umsonst die „Fenster der Seele" genannt, mit ihnen kannst du Einblicke und Ausblicke empfangen, aufnehmen. Wenn du die Natur betrachtest, kannst du dich auch auf verschiedene Farben konzentrieren, die dir unterschiedliche Gefühle vermitteln.

Im Allgemeinen behauptet man, dass die Farbe Grün, grundsätzlich gut für die Augen sei, man könne dabei gut

entspannen. Spaziergänge in die Natur
sind ebenfalls sehr nahrhaft für die
Seele. Probiere es einmal selbst für dich
aus! Probiere aus, wie du dich bei den
verschiedenen Farben fühlst!

Wenn du in der Natur ein farbiges Bild
siehst und ein wenig Übung hast, kannst
du die Farben auch „trinken". Eine Farbe,
die dir gefällt oder auch ein farbiges
Bild, das dich positiv beeindruckt, kann
von deiner Seele aufgenommen werden,
du kannst es verinnerlichen. Such dir
täglich einige Farben und Bilder aus, die
du dir intensiv mit Freude anschaust und
in deine Seele einlässt!

Wenn du an ein Wasser gehst, kann es
dir die unterschiedlichsten Gefühle
bereiten. Ein klares, helles Gewässer,
löst in dir andere Gefühle aus als ein
dunkelschimmernder, stehender See.
Ein großer, breiter Fluss, dessen
gleichmäßige Wellen eine
Entspannungsmelodie mit sich tragen,

löst andere Gefühle in dir aus als ein rauschender Wildbach oder ein in der Sonne glitzernder Wasserfall. Suche dir die Anblicke aus, die dir guttun, die du magst.

Nicht jeder hat einen Fluss oder einen Wasserfall greifbar in der Nähe, aber kleine Dokumentationsfilme findest du überall kostenlos im Internet, um dich positiv zu animieren oder zu entspannen.

Prüfe dich, deine Gefühle, notiere deine Vorlieben und wähle für dich bewusst das aus, was dir guttut!

Auch die Nase ist ein ganz besonderes Organ. Viele hochsensible Menschen haben eine gute Nase, die sie auch gegen unangenehme Gerüche empfindlich macht. Aber wer zum Beispiel mitten in einer Stadt wohnt, hat nicht die Möglichkeit, sich oft an angenehmen Düften der Natur zu bedienen. Inzwischen gibt es aber auch die Möglichkeit, sich die Düfte von Blüten und Pflanzenextrakten zu erwerben, bei denen man ebenfalls ausprobieren kann, was einem gefällt.

Einige Fachkundige sprechen von Dufttherapien, so ist es tatsächlich für Körper und Seele gut, seine eigenen Lieblingsdüfte häufig einmal kurz zu genießen und die Seele mit daran teilhaben zu lassen.

Manche Menschen haben ein gutes Gedächtnis für Düfte und erinnern sich damit gern an gute Zeiten ihrer Vergangenheit. Auch diese Gerüche wieder aufleben zu lassen, ist ein guter Gedanke. Ihn zu verfolgen kann sich auf die Gesundheit positiv auswirken.

Alle unsere Sinne haben Verbindung zu unserer Seele und können ihr Gutes zuführen.

Auf den vergangenen Seiten sprach ich schon einmal von der Musik, die unserer Seele guttun kann. So können wir unsere Ohren erfreuen und verwöhnen mit den Tönen, Melodien oder Geräuschen, die uns guttun.

Nicht jeder hat die Möglichkeit, wohlklingende Kirchenglocken oder die singende Nachtigall in der Nähe zu haben. Auch hierbei verweise ich auf Audios, CDs, Filme, Dokus. Von einem Wecker mit Vogelgezwitscher geweckt zu werden oder mit einer angenehmen Melodie ist gesünder als sich von einem schnarrenden Geräusch aus dem Schlaf holen zu lassen.

Das Gehör eines hochsensiblen Menschen ist empfindlicher, ihn stören unangenehme Geräusche mehr, aber die

Seele hat dafür auch einen sehr intensiven Genuss, den ihm die positiven Töne verschaffen können. Suche dir deine Lieblingsmelodien aus und finde heraus, welche Töne dich erfreuen!

Wie du deinen Geschmackssinn, deine Geschmacksnerven am besten verwöhnen kannst, wirst du selbst sicher wissen. Genieße bewusst die Speisen und Getränke, die dir gefallen, die du magst! Wenn irgend möglich genieße sie in angenehmer Atmosphäre, harmonischer Umgebung. Egal, ob allein oder mit netten Menschen, versuche, aus jedem guten Essen ein Fest zu machen! So hat nicht nur dein Körper, sondern auch deine Seele daran Freude.

Sicher kennst du auch die Möglichkeit mehrere Sinne auf einmal zu erfreuen. Da bietet sich beispielsweise ein Picknick im Grünen an, bei dem man etwas Leckeres genießen, die Natur betrachten und dem Vogelgezwitscher zuhören kann.

Dein Lieblingsfilm im Kino oder zu Hause auf der Couch oder im Bett kann mit ein paar Leckereien zu einem kleinen Fest werden.

Ein Theaterbesuch, optimiert durch ein Gläschen Sekt in der Pause oder ein gutes Essen in deinem Lieblingsrestaurant, gibt auch einen mehrfachen Genuss für die Sinne.

Dabei ist es jedoch wichtig, dass du für dich selbst herausfindest, was für dich gut ist, was dir guttut, was deine Sinne verwöhnt. Dazu kann auch ein Tag mit Langeweile oder ein Tag mit dem Faulenzen im Bett gemeint sein.

Bei alldem ist es ganz wichtig, dass du dich selbst sehr ernst nimmst. Viele Menschen, besonders die hochsensiblen richten ihr Leben auf andere, nach anderen.

Sie möchten gern alles richtig machen, sie möchten gern anderen gefallen, sie möchten, dass man eine gute Meinung von ihnen hat. Dies betrifft nicht nur den beruflichen, sondern auch den privaten Bereich. Ein Mensch möchte mit anderen kommunizieren und von ihnen geachtet werden. Bei hochsensiblen Menschen findet man häufig erst einmal wenig Selbstbewusstsein, das bedeutet, dass dieser Mensch vermehrt von der Meinung und vom Lob anderer abhängig ist.

Da man es aber nicht jedem Menschen recht machen kann, nicht jedem gefallen kann und auch mit diesem Verlangen sowohl manipulierbar als auch ausnutzbar ist, befindet sich der hochsensible Mensch häufig in der Gefahr, sich in vieler Hinsicht sofort zu verausgaben, um für sich, das richtige Echo, die richtige Resonanz zu finden.

Beim Arbeitgeber sind sie bereit, höhere Leistung bringen, sich zu etlichen Überstunden bereit zu erklären, unter Umständen auch zu unbezahlten Überstunden, gern mal für andere einzuspringen und häufig mal einem anderen einen „Gefallen" zu tun. Mit einem „Gefallen" tut man das, was dem anderen gefällt und man selbst findet dadurch die Möglichkeit zu gefallen. Mit diesem Verhalten versuchen viele, ihr Selbstbewusstsein aufzubessern, während jedoch ein gesundes Selbstbewusstsein bedeutet, dass man mit seiner eigenen Person im Reinen, einverstanden ist, ohne anderen etwas beweisen zu müssen.

Verschiedene Typen, bei denen die Hochsensibilität ein besonderes Thema ist:

Die Ordnungsfanatiker

Wer ständig alles 100 % machen möchte, und wer Probleme hat, einmal „Fünf" gerade sein zu lassen, hat den Wunsch nach einer vollkommenen Welt, die es jedoch, wie jeder weiß, nicht gibt.

Manch ein hochsensibler Mensch leidet darunter, dass man Ordnung nicht dauerhaft halten kann. Mir sind schon Menschen begegnet, die sich aufregen, dass in jeder Minute neuer Staub entsteht. Diese Menschen haben mir erzählt, dass sie den Wunsch haben, den ganzen Tag hinter dem Staub herzujagen, ihn regelrecht zu bekämpfen.

Am liebsten soll alles ständig harmonisch, schön aufgeräumt und sauber sein. Doch das Leben ist Bewegung, ein Auf und ein Ab, alles ist in ständiger Umwälzung.

Die Materie auf der Erde befindet sich ständig in Umwandlung und eine dieser Phasen/ Zustände ist der Staub. Er gehört also genauso zum Lebensdasein auf der Erde wie alles feste, große Materielle.

Wie wir alle wissen, ist auch der Mensch in ständiger Umwandlung, erneuert sich und seine Zellen, Hautschuppen fallen ab und werden ebenfalls zu Staub.

Diese Erneuerung ist ein Zeichen der Lebendigkeit, auch des immer wiederkehrenden Lebens. Es ist wichtig, dass man sich diese ständige Wandlung bewusst macht und sie akzeptiert.

Der hypersensible Mensch wünscht sich oft die Momentaufnahme, das Standbild, das ein Trugbild, eine Illusion ist und nichts mit dem Leben zu tun hat. Dieser Wunsch entsteht jedoch aus einer Sehnsucht nach Ordnung, Sauberkeit, Vollkommenheit und Harmonie.

Dieser hochsensible Menschentyp leidet sehr an den Unvollkommenheiten des menschlichen Lebens.

Wie kann er sich helfen?

So wie sich jeder Mensch ein kleines Paradies erschaffen kann, kann sich auch dieser hochsensible Typ ein Betätigungsfeld und/oder eine kleine

Oase schaffen, bei und in der er diese Ordnung im Kleinen (in seinem Zuhause, seiner persönlichen Ecke) aufbaut.

Wenn es ihm möglich ist, sollte er sich einen Beruf (gegebenenfalls auch Hobbys) suchen, bei dem er etwas ordnen oder aufräumen kann. Es beginnt mit körperlichen Tätigkeiten wie Reinigungskraft und zieht sich hin bis zu den Bereichen des geistigen Ordnens, Katalogisierens, Sortierens. Überall im Leben, wo man etwas ordnen kann, wird dieser Menschentyp wegen seiner Gründlichkeit und Hingabe willkommen sein. Am richtigen Platz kann er entdecken, dass seine extreme Ordnungsliebe am richtigen Ort von großem Nutzen und unentbehrlich ist.

Sofern dieser Mensch also sein Betätigungsfeld hat, kann er auch in sich die Kräfte fließen lassen.

Dennoch ist es wichtig, dass er eine Beratungsstelle aufsucht, sofern er unter seiner Veranlagung leidet.

Da gibt es zum Beispiel extreme, krankhafte Symptome einer Entwicklung, die einer Behandlung bedürfen, wie zum Beispiel, wenn ein Waschzwang vorliegt.

Ein Therapeut kann klären, inwieweit eine solche Veranlagung im Normbereich liegt und ob und inwiefern eine zu behandelnde Störung vorliegt.

In der Regel brauchen übersensible Menschen, die einer ständigen Ordnung hinterherlaufen, viel Sicherheit in ihrem Lebensalltag. Manchmal liegt es an den Kindheits-Erfahrungen, an mangelnder Ordnung, fehlender Sicherheit oder einem imposanten Vorbild an steriler Ordnung.

In diesem Fall hilft es schon, im aktuellen Leben die existenziellen und emotionalen Sicherheiten zu überprüfen und gegebenenfalls daran zu arbeiten.

Der ängstliche Typ

Der ängstliche Typ macht sich sehr viel Sorgen. In der Regel denkt er äußerst viel und möchte gern immer alles im Griff haben. Er denkt und plant und berechnet oft nicht nur die Risiken seines eigenen Handelns, sondern auch die Risiken der Umstände und die Risiken des Handelns seiner Mitmenschen. Er fürchtet sich manchmal vor spontanen Entschlüssen, möchte lieber Zeit zum gründlichen Überlegen haben.

Planung bedeutet für diesen Menschen sehr viel. Es ist für ihn wichtig, wenn er möglichst viel möglichst früh weiß, was auf ihn zukommt, um sich auf alles gründlich vorbereiten zu können. Risiken möchte er möglichst meiden und hat daher eine Abneigung gegen alles allzu Spontane.

Er liebt klare Abmachungen und Regeln und alle Dinge, auf die er sich gründlichst vorbereiten kann. Alles Neue ist ihm erst einmal verdächtig, oft fürchtet er sich vor Neuem. Stabilität ist ein großes wichtiges Thema für ihn, denn Dingen, die er kennt, vertraut er. Er kommt sogar mit negativen Situationen gut zurecht, wenn er Übung hat und weiß, wie er damit umgehen kann.

Unbekannte Dinge und Situationen dagegen machen ihm Angst, weil er glaubt, nicht genügend vorbereitet zu sein.

Sein großes Ziel ist es, keine Fehler zu machen, alles richtig zu machen, und daher macht er alles am liebsten ganz in Ruhe, mit großer Sorgfalt und Überlegung.

Hektik macht ihn nervös, Hektik gibt ihm Stress, und der Stress kann dann ausarten und zu den verschiedensten Ängsten führen.

In der Regel gab es auch in seiner Kindheit Personen, die ihm keine Sicherheiten boten oder ihm Angst vermittelten.

Zuweilen war er auch gezwungen, für andere Menschen zu sorgen und für andere Verantwortung zu tragen. Häufig war er damit überfordert und musste sich selbst dafür vernachlässigen.

Dieser Typ betrachtet auch seine eigene Gesundheit eher ängstlich und befremdlich.

Schon bei Kleinigkeiten, kleinen Unregelmäßigkeiten im körperlichen Bereich befürchtet er, große und schwere Krankheiten in sich zu tragen, denen er machtlos ausgeliefert ist. In der Regel fühlt er sich nicht fähig, einen guten Bezug zu seinem Körper zu haben, sondern sein Körper könne ihm, praktisch wie ein Übermächtiger, überraschende, schlimme Krankheiten bescheren.

Jede Reaktion des Körpers wird misstrauisch beäugt, beobachtet, er wird als mächtiger Bezwinger oder sogar als Feind betrachtet. In dieser zuletzt genannten Situation befindet sich der Hypersensible in einem Zustand, der von

einem Fachtherapeuten in reguläre
Bahnen geführt werden sollte.

Im Krankheitszustand finden wir hier
Phobien, Angstzustände, Panikattacken,
Bulimie usw.

*

Im „Normalzustand" der
Hochsensibilität setzt der Ängstliche
seine eigene Konfrontationstherapie ein.
Er begegnet den Dingen, vor denen er
Angst hat, er setzt sich mit diesen
Themen und den Hintergründen
auseinander, wobei ebenfalls
Therapeuten nützliche Hilfe spenden
können.

Das Wort **Angst** ist verwandt mit dem
Wort **Enge**. Nicht selten fühlt der
Ängstliche ein Engegefühl im Bereich
der Brust, der Atemwege, des Magens
oder auch einen einengenden „Kloß im
Hals".

Enge, Bedrängnis, Druck, Einengung, Engpässe, die von Umständen hervorgerufen werden, oder die sich hochsensible Personen selbst bereiten, zum Beispiel durch den Druck eines unverhältnismäßig strengen inneren Gewissens, führen den hochsensiblen Menschen in enormen Stress.

Sofern sich die äußeren Umstände weder beheben noch reduzieren lassen, ist es notwendig, sich dieser Situation bewusst zu werden, und ihr Gegenmaßnahmen entgegenzusetzen. Dazu sollte die gestresste Person ihr persönliches Anti-Stress-Programm finden und ausüben (siehe oben Sport und Hobbys gegen Stress).

Letztendlich hilft gegen jede Angstbewältigung eine sanfte Form von Konfrontationstherapie, eine sanfte Gewöhnung an das Angstthema und die damit verbundene Vergrößerung des Selbstwertgefühls. **Das Ziel ist es, sich**

sicher zu werden, dass es für die meisten in der Zukunft auftauchenden Probleme eine Lösung gibt. Vielleicht findet man sie nicht allein, aber auf jeden Fall gibt es überall hilfreiche Menschen und Institutionen, die bei der Problembewältigung hilfreich zur Seite stehen. Sofern die Angst noch nicht krankhaft ausartet, hilft auch ein stabiler Glaube und sich dadurch eine gewisse gelassene Lebensphilosophie zu entwickeln.

Der Du-Mensch

Es gibt Menschen mit stark ausgeprägter Empathie, die weder gern allein sein wollen noch allein sein können.

Sie haben die Fähigkeit, sich in andere Menschen derart hineinversetzen zu können, dass sie spüren, was anderen guttut und was nicht. Sie haben die Fähigkeit, andere Menschen zu spiegeln oder sogar in die Rolle des anderen hineinzuschlüpfen.

Diese Fähigkeit findet man zum Beispiel auch bei Schauspielern, bei manchen Therapeuten oder bei Menschen mit ähnlichen Tätigkeiten, bei denen ein Verständnis des Du(s) erforderlich ist.

Für den Kriminalkommissar ist es von Vorteil, wenn er die Möglichkeit hat, Vorstellungen und Absichten eines Täters nachvollziehen zu können.

Für einen Anwalt der Verteidigung ist es von Vorteil, wenn er sich so gut wie möglich in den Angeklagten hineinversetzen kann.

Für einen Schauspieler ist es von Vorteil, wenn er sich vollkommen in die Rollen eines anderen hineinversetzen, in eine andere Person hineinschlüpfen kann. Auch in der Gemeinschaft kann diese Fähigkeit von Nutzen sein, weil sie das soziale Gefüge verbessern kann. Menschen, die sich besser verstehen, können besser miteinander umgehen, besser miteinander leben.

Da kann man sich „blind" verstehen, und viele sprechen dann von einer gemeinsamen „Wellenlänge". Im Privatleben kann diese starke Empathie für ein friedliches Leben und ein gutes Miteinander sorgen.

Doch für den sympathischen Menschen, der sich stets zum „Du" hingezogen fühlt, kann es zum Nachteil werden, wenn er an sehr stark ichbezogene Menschen gerät und sich in eine Abhängigkeit begibt. Solange der „Ich-Mensch" diese Situation nicht ausnutzt, fair bleibt und den „Du-Menschen" nicht überfordert, mag diese Symbiose funktionieren, die sich auch im Tierreich und im Pflanzenreich häufig bewährt hat.

Jedoch haben im Pflanzen- und im Tierreich in der Regel beide einen gleichen Nutzen von dieser Konstellation.

Der Du-Mensch möchte jedoch viel geben und nimmt wenig. Der Ich-Mensch möchte viel nehmen und gibt häufig weniger.

Diese Konstellation beinhaltet auch eine große Gefahr.

Hier kann sich schnell eine ungesunde Symbiose ergeben, da es in der Natur vieler Ich-Menschen liegt, stets für sich Verbesserungen zu erlangen. Was der Du-Mensch mit Liebe und Einfühlsamkeit aussendet oder erarbeitet, wird vom Ich-Menschen als selbstverständlich empfunden, er gewöhnt sich an die angenehme Situation und sucht weitere Vorteile. Ein Du-Mensch läuft immer Gefahr, ausgenutzt zu werden, wenn er sich mit einem Ich-Menschen einlässt. Das kann schleichend gehen, sich langsam entwickeln, aber sich auch durch bestimmte neue Situationen plötzlich entwickeln. Dabei muss es dem Ich-Menschen gar nicht bewusst sein, den Du-Menschen zu übervorteilen. Ein Ich-Mensch hat in der Regel den Drang, den schnellsten und einfachsten Weg nach vorn zu gehen und ihn sich mit seinem starken Willen und einer großen Tatkraft zu erschließen. Auf seine Vorteile bedacht, hat der Ich-Mensch gar keine übermäßigen Gedanken für die Menschen an seinem Wegesrand.

Diese konstruierte Konstellation ist jetzt ein krasses Beispiel in „Schwarz-Weiß", die vorkommenden Fälle sind in der Regel in allen Grautönen vorhanden, da die meisten Menschen Mischtypen sind.

Es ist wichtig, dass der Du-Mensch seine Situation ständig überprüft und für sich selbst herausfindet, ob ihm seine „Rolle" gefällt, ob es ihm Spaß macht, dem Ich-Menschen alle Wünsche von den Augen abzulesen und sie ihm zu erfüllen.

Der Ich-Mensch macht sich dagegen weniger Gedanken über die Motive, geschweige denn über ein Ungleichgewicht des Gebens und Nehmens. Für ihn ist die Situation perfekt, warum sollte er sich Gedanken machen?!

Folglich muss der Du-Mensch lernen, sehr gut für sich selbst zu sorgen und auf seine Kräfte und das Gleichgewicht in der Partnerschaft achten.

Bekannt ist, dass sich auch in der Partnerschaft die Gegensätze anziehen. Das hat unterschiedliche Gründe, unter anderem hat sich auch die Natur bei der Fortpflanzungsgeschichte etwas dabei gedacht. Ein Mensch mit diversen Qualitäten und Veranlagungen ist fähiger, gut zu überleben. Diese Anziehung der Gegensätze ist interessant und in der Partnerschaft manchmal positiv prickelnd zu empfinden. Und da ein Mensch viel von seinem Wesen ausstrahlt, das von seinem Gegenüber intuitiv erfasst werden kann, wird schon in Sekundenschnelle festgestellt, in welcher Weise sich eine zukünftige Gemeinschaft leben lässt.

Hier strahlt also der empathische Du-Mensch seine Liebenswürdigkeit aus, mit der er sich auf den Ich-Menschen einlassen will, und der Ich-Mensch erkennt sofort die Chance eines angenehmen Miteinanders, das ihn bei seinem Fortkommen unterstützt.

Diese Symbiose kann funktionieren, wenn sich der Du-Mensch nicht aufgibt, kein Helfersyndrom entwickelt und sich der Ich-Mensch mit seinen Forderungen zurückhält und Rücksicht auf den Du-Menschen nimmt, ihm auf seine Art und Weise ebenso hilft.

Unter Umständen kann diese Symbiose ein gutes Team ergeben, bei dem jeder seinen Part spielt. Dies konnte in den Partnerschaften der früheren Jahrhunderte der Fall sein, als die Partner ihre eigene Rolle innehatten und sie leben mussten. Die Frau hatte für die Kinder zu sorgen und den Haushalt zu bewältigen, während der Mann die

Familie zu beschützen hatte und für die Existenz sorgen musste. Hier konnte sich jeder auf seine Rolle konzentrieren und sie nach seinen Veranlagungen ausleben.

In unserer Zeit hat sich seitdem sehr vieles verändert, doch leider ist dabei nicht alles, was wichtig ist, mitgewachsen, haben sich nicht alle notwendigen Veränderungen mit eingestellt, die Aufgabenteilung der Partner muss neu überdacht werden.

Daher ist es wichtig, die Symbiose einer Zweierbeziehung zu überprüfen, gegebenenfalls sollte ein Berater zu Hilfe genommen werden, der feststellen kann, ob in der Beziehung ein gesundes Geben und Nehmen existiert.

Der Angstbeißer

Verschiedene Menschentypen besitzen eine sehr hohe Sensibilität, die sie am liebsten verstecken wollen, weil sie damit nicht umgehen können oder sich dessen schämen. Ein Teil dieser Typen entwickelt eine Verteidigungsstrategie, sie prüfen zuerst ihr Gegenüber und testen es aus. Dabei nutzen sie ihr gut entwickeltes Gespür, um die Schwachstelle des „Gegners" zu erkennen. Diese Strategie stammt noch aus den vergangenen Anfängen der Menschheit, als die Konkurrenz noch eine größere Rolle beim Überleben spielte.

Hat der hochsensible Angstbeißer die Schwachstelle seines Gegenübers erkannt, versucht er ihn taktisch zu bearbeiten, meist holt er kommunikativ zu einem Angriffsschlag aus, um die Stärke seines Gegners zu testen.

Auch im Tierreich ist diese Taktik häufig zu beobachten. Es gibt zum Beispiel einige Insektenfresser, die ihre Opfer, besonders die Käfer zunächst einmal auf den Rücken werfen, um ihre Schwachstellen zutage zu führen.

In der Regel hat der Angstbeißer tiefe Ängste, versteckte Traumata, die einer sorgfältigen Behandlung bedürfen.

Er versucht, seine Schwachstellen durch betont starkes und sicheres Auftreten zu verdecken. In der Regel fällt er dadurch auf, dass er versucht, andere Menschen zu beherrschen, damit man an seine Stärke glaubt.

Manchmal hat er vielerlei Lebensängste, braucht viel Sicherheit, besonders im existenziellen und materiellen Bereich. In der Partnerschaft glaubt er häufig nicht daran, wirklich geliebt zu werden.

Einige dieser Menschentypen haben das Gefühl, ständig Pech zu haben und befürchten, immer wieder verlassen zu werden.

Daher kämpfen sie mit Waffen, die in einer Partnerschaft zu schweren Prüfungen und auch zu Trennungen führen:

Um die eigenen Schwächen zu verstecken, wird der Partner vom Angstbeißer „klein gemacht". Dies geschieht häufig in der Kommunikation, denn der Angstbeißer findet immer einen Grund, über den Partner oder seine Aktionen zu meckern. Je mehr sich der Partner beeinflussen lässt, umso weniger Worte benötigt der Angstbeißer für seine Unterdrückungsversuche. Bei einer gut eingespielten, hier ungesunden Symbiose, reichen schon ein paar vorwurfsvolle Blicke des Angstbeißers, um den Partner zu bedrohen und klein zu halten.

In dieser Symbiose kann man schwer erkennen, dass es sich bei dem Angstbeißer um einen ängstlichen, unsicheren und wenig selbstbewussten Menschentypen handelt. Die Ausübung seiner Macht kann trotzdem kränkend, krankmachend und zerstörerisch wirken, weil dieser Menschentyp stets einen Weg findet, sein Gegenüber zu schwächen.

Da der Angstbeißer selbst häufig völlig unbewusst handelt, kann er sich nicht selbst therapieren, sondern benötigt fachliche Beratung.

Unbehandelt werden die Angstbeißer später nach etlichen Enttäuschungen zu frustrierten Menschen, die sich, häufig unbewusst, in einen Teufelskreis der Enttäuschungen hineinmanövrieren.

Der Unruhige, der Hektische

Der hektische und/oder unruhige Typ fühlt sich innerlich getrieben, alles möglichst schnell zu schaffen. Oft machen sich diese Menschentypen Sorge, nicht alles rechtzeitig zu schaffen, nicht alles zu schaffen, etwas nicht zu Ende bringen zu können.

Dabei versuchen diese Menschen auch häufig, mehrere Dinge gleichzeitig zu tun (Multitasking) und fangen an vielen verschiedenen Ecken und Enden etwas an. Da sie aber häufig dann doch nicht imstande sind, an jeder Ecke weiter arbeiten zu können, lassen sie sich von den unfertigen Arbeiten und Vorhaben innerlich drängen und beunruhigen.

Häufig werden sie von einer inneren Angst getrieben, die ihnen als Ziel stellt, möglichst viel und möglichst schnell alles zu bewältigen. Ungetane Arbeit wirkt häufig als Druck auf diesen Menschentyp, er sieht sein Arbeitspensum häufig als eine große Herausforderung, der man sich nur stellen kann, wenn man möglichst viel möglichst schnell erledigt.

Dieser Menschentyp braucht meist viel Bewegung und viel Kommunikation. Häufig hat er auch eine Begabung, mehreres gleichzeitig tun zu können, jedoch besteht dabei immer die Gefahr, sich zu zersplittern, sich zu verzetteln, vollkommen nervös zu werden und dabei in Stress zu geraten.

Der unruhige und hektische Typ, der sich fürchtet, wenn ein großes Arbeitspensum vor ihm liegt, muss lernen, die Dinge nacheinander zu ordnen und einen ruhigeren Lebensrhythmus zu finden. Für ihn kann das Mantra, „der Weg ist das Ziel", sehr hilfreich sein.

Es ist wichtig für ihn, dass er lernt, die Bedeutung, seiner Arbeitskraft, seiner Lebenskraft und seiner Zeit wichtig zu nehmen. Eine Konzentration auf die Gegenwart ist von Vorteil, und so sollte dieser Menschentyp schauen, ob ihn weitere Ängste in Bezug auf die Zukunft plagen. Hat er Angst vor spontanen Änderungen? Hat er Angst vor Schicksalsschlägen (Krankheit/Tod)?

Zuweilen stecken da auch grundsätzliche Existenz-Ängste dahinter, dieser Menschentyp will möglichst viel schaffen, meist um sein

Selbstbewusstsein zu stärken,
aufzubessern.

Dieser Menschentyp braucht viel
Bewegung, viel Sport, um seine inneren
Unruhen auszupowern. Mit mentalem
Entspannungstraining hat er anfangs oft
Schwierigkeiten, da er in sich dafür oft
nicht genügend Ruhe findet.

Wenn irgend möglich, kann er sich, zum
Beispiel zu Hause bei den Tätigkeiten,
bei denen seine Hektik hervortritt,
beruhigende Musik zur Begleitung
einschalten oder sich einen Plan
erstellen, indem er sich selbst die
Reihenfolge der Erledigungen vorgibt.

Ganz bewusst sollte sich dieser
Menschen-Typ vor Augen führen, dass
man durch Hektik und übergroße
Schnelligkeit oft nicht viel Zeit gewinnt.
Da gibt es nur wenige Sekunden
Zeitersparnis, die letztendlich wenig
genutzt werden.

Hinzu kommt, dass durch Hektik und übergroße Schnelligkeit vermehrt Unfälle verursacht werden, auch Fehler bei der Arbeit sind oft während einer Unruhe nicht zu vermeiden.

Mittlerweile gibt es bereits sogar über das Autofahren Statistiken, wie wenig Zeit man durch das Rasen gewinnt. Mit den wenigen gesparten Minuten weiß der Mensch häufig dann sowieso nicht viel anzufangen. Wer sich einmal seinen Tagesablauf nach einem Tag anschaut, kann feststellen, wie wenig die durch Hektik und Unruhe erbrachte Schnelligkeit und die damit gewonnene Zeit, zu einer Verbesserung der Qualität eines Tages beitragen können.

Der unruhige Typ möchte häufig auch alles jederzeit im Griff haben und setzt sich dadurch auch zusätzlich unter Druck.

Er gibt von seinen Arbeiten nicht gern an andere ab, weil er sich gern beweisen möchte, alles allein fertig zu bringen und dies am besten möglichst rasch.

Dieser hektische Typ gönnt sich die Freizeit häufig auch erst, wenn er mit seinem Arbeitspensum fertig ist, und erlaubt sich wenig Pausen, dies bedeutet zusätzlichen Stress. Da dieser Typ auch überall schnell erkennt, wo etwas getan werden muss, findet er auch immer wieder etwas, das er beginnen muss.

Unterm Strich hat er am Ende viel zu wenig Ruhe, viel zu wenige Pausen und zusätzlich den Druck, den er sich selbst macht. Ein ungesunder Stress ist vorprogrammiert, sodass dieser Menschentyp häufig an Angststörungen und stressbedingten Nervenbelastungen erkrankt.

In diesem Fall muss der unruhige und hektische Typ zum Therapeuten, zusätzlich kann er lernen, wie er sich selbst helfen kann.

Jedem Stress, dem er sich stellt, muss er entsprechende Pausen und Entspannungen entgegensetzen. Auch die regelmäßige und gute Nahrungsaufnahme ist für diesen Typ sehr wichtig, denn meist nimmt er sich nicht einmal genügend Zeit, um in Ruhe zu essen. Dafür kann er sich ein ganz einfaches Beispiel aus seinem Tagesalltag holen.

In der Psychologie wird der Mensch häufig mit dem Auto verglichen.

Ein Auto fährt nicht ohne Benzin. Ein Mensch kann nicht ohne eine vernünftige Ernährung existieren. Er braucht nicht nur die Ernährung für seinen Körper, sondern auch für seine Seele, seine Psyche.

Selbst ein Auto kann nicht überstrapaziert werden, ohne dass es Schaden nimmt. Ein Mensch ist noch viel komplizierter und sensibler, und ein hochsensibler Mensch braucht zusätzliche Entlastungen, entstressende Stunden und Pausen.

Dieser Menschen-Typ muss lernen, besonders gut auf die Ruhepausen zu achten, um seine überreizten Nerven zu entspannen.

Gelassenheit ist für diesen Menschentyp schwer erlernbar, kreative Betätigung kann diesen Prozess beschleunigen.

Der Einsiedler

Dieser Menschen-Typ fühlt sich in der Regel in seinen eigenen vier Wänden am wohlsten, hier ist ihm alles vertraut, hier fühlt er sich sicher.

Dieser hochsensible Mensch möchte am liebsten alles allein schaffen, am besten ohne die Hilfe anderer Menschen.

Häufig verlangt er sehr viel von sich und lebt sehr bescheiden, lange Zeiten kann er sich auch asketisch verhalten. Er übersteht magere Zeiten und verlangt nicht viel für sich, weder vom Leben noch von anderen Menschen.

In der Regel ist er fleißig, zuverlässig, treu und ausdauernd.

Seine Ängste entwickelt er häufig, wenn er mit vielen Menschen zusammen sein muss, im lauten Getriebe eines Großmarkts, einer Veranstaltung, eines

Supermarkts, überall dort, wo sich große Menschenmengen befinden.

Dieser Mensch hat häufig sehr sensible Ohren und kann keine lauten Geräusche vertragen. Mit seiner besonderen Empathie fühlt er in den Menschenmengen meist eine ungute Spannung, bei der er ebenfalls Ängste entwickeln kann.

In der Regel ist er freundlich und hilfsbereit, hält sich aber trotzdem gern reserviert, um nicht in Abhängigkeiten zu geraten.

Vorsichtig und zurückhaltend verhält er sich in der Begegnung mit seinen Mitmenschen, zuweilen ist er misstrauisch, auch ängstlich und öffnet sich nur äußerst langsam.

Er geht keine Risiken ein und liebt die gleichmäßigen, vertrauten Dinge in seinem Leben. Gesundheitliche

Störungen machen ihm oft Angst, da er fürchtet, seine Selbstständigkeit zu verlieren. Zu spontanen Entschlüssen ist er nur selten bereit, am liebsten plant er und behält seine kleine überschaubare Welt im Auge.

Mit seinen Ängsten bleibt er oft allein, weil er glaubt, allein damit fertig werden zu müssen. Oft ist es die Aufgabe der Mitmenschen, dem Einsiedler-Typ Freude in seine kleine Welt zu bringen. Leider gehen diese Menschen nur selten zur Therapie, daher sind Freunde sehr wichtig, mit denen sie kommunizieren können.

Dieser Menschentyp nimmt sich seine Fehler sehr übel, hat ein starkes bis überstarkes Gewissen und setzt sich zuweilen einem Leistungsdruck aus, nicht um zu gefallen, sondern um sich selbst zu genügen.

Dieser Menschen-Typ sollte lernen, sich selbst als wertvolles Geschöpf zu empfinden, zu fühlen, dass er auch Wünsche haben darf, die sich erfüllen lassen.

Auch hierbei gilt, dass sich diese Eigenarten auch in Mischtypen finden lassen.

Die Panikattacken

im Laufe meines langen Lebens sind mir viele Menschen begegnet, die in verschiedenen Phasen ihres Lebens unter Panikattacken gelitten haben.

Verschiedene Formen von Stress (körperlicher Stress, emotionaler Stress, einschneidende Lebenserlebnisse, Traumata usw.) lassen hochsensible Menschen zeitweise unter Panikattacken leiden.

Für diese Form der Angstattacken ist es wichtig, einen Therapeuten zu Hilfe zu nehmen, der mit geschulten Maßnahmen verhaltenstherapeutisch helfen kann.

Diese Therapeuten unterrichten auch, wie man sich selbst zu Hause, am Arbeitsplatz, in seiner Freizeit, im Alltag helfen kann, mit welchen Tipps und Tricks man diese Zeit verbessert und verändert.

Wie schon oben erwähnt, gab es auch bei mir diese schwierige Zeit, in der ich mir bei einer Therapeutin Hilfe gesucht habe.

Meine Erfahrung mit der Bewegung, vor und bei Beginn einer solchen Attacke haben sich bewährt. Die Atemtherapie hat mir ebenso gut geholfen wie die körperliche Entspannungstherapie, aber ich habe auch immer versucht, eigene Wege und Mittel zu finden, mir in diesem unguten Zustand Ablenkung zu verschaffen.

Das größte Problem war für mich, dass ich stets das Gefühl hatte, einen Herzinfarkt zu erleiden. Ich fürchtete, ohnmächtig zu werden, umzukippen und auch das Bewusstsein zu verlieren. Vor allen Dingen konnte man auch nie vorher erahnen, wie lange eine solche Attacke andauerte.

Am Anfang ging ich regelmäßig während eines Anfalles zu einem Arzt, der dann bei EKGs feststellte, dass mir körperlich nichts fehlte. Das war zwar einerseits eine Beruhigung, aber andererseits fühlte ich mich dadurch sehr minderwertig und hatte zwischendurch das Angstgefühl, verrückt zu werden.

Es belastete mich sehr, dass ich meinen Körper nicht im Griff hatte, dass ich eine Ohnmacht befürchtete, also mich **ohnmächtig** fühlte.

Dies jedoch begann in mir eine Wut zu entfachen, die in mir den Willen weckte, meinen Körper wieder in Griff zu bekommen.

Mit Hilfe der Verhaltens-Therapeutin, die mich an alle Ängste heranführte und mich mit ihnen konfrontierte, gewann ich wieder das Vertrauen in meine Stärke und hoffte auf Besserung.

Als ich erkannte, dass mich diese Attacken zwar sehr angestrengten, ich sie aber dennoch unversehrt überstand, verlor ich langsam, nach und nach die Angst vor der Angst.

Ich ahnte, dass ich mich selbst unbewusst in diese Angstzustände hinein steigern konnte, erkannte aber daraus, dass es möglich sein musste, mich selbst auch wieder aus diesem Zustand herauszuholen.

Daher begann ich, ein intensives Gefühl für meinen Körper zu entwickeln, hörte auf alle Zeichen meines Körpers, besonders auf meine unguten Magen-Gefühle und mein intensives Bauchgefühl.

Ich entdeckte, dass sie mir wichtig sein mussten und Signalzeichen gaben und es klug war, darauf zu hören.

Schon bei den geringsten Anzeichen einer Attacke, begann ich, mich intensiv abzulenken, teilweise mit ganz banalen Tricks.

Auf der Straße zählte ich Autos mit
bestimmten Farben, Personen mit
besonderen Merkmalen oder Pflanzen
in den umliegenden Gärten.
Irgendetwas gab es immer zum
Ablenken oder Zählen, und so vermied
ich manche Attacke.

Daraus folgerte ich immer mehr, dass es
möglich sein kann, den Attacken zu
begegnen, zu lernen, den eigenen
Körper zu regieren, zu beherrschen.

So, wie ich die vergangenen Traumata
nach und nach bearbeitete, gestattete
ich meiner Seele/Psyche auch das
Verarbeiten der Erinnerungen, zielte
aber auf einen Abschluss der
wiederkehrenden Attacken.

Für diese Arbeit braucht man Zeit,
Geduld und die Hilfe der Therapeuten
(erst die 3. Therapeutin erarbeitete mit
mir den endgültigen Erfolg).

Ich erinnerte mich auch an meine Migräneanfälle und daran, dass ich sie verhindern konnte, wenn ich unmittelbar nach den ersten Anzeichen eine Tablette einnahm. Ich erinnerte mich auch daran, dass sie völlig verschwanden, als ich die Angst vor der Migräne verlor.

Also war mein wichtigstes Ziel bei den Panikattacken ebenfalls, die Angst davor zu verlieren.

Je vertrauter mir diese Zustände wurden, und nachdem ich merkte, dass sie nachweislich keine anhaltenden Schäden in mir verursachten, umso ruhiger wurde ich. Je mehr ich auf die Körperzeichen achtete und mit meinem Körper arbeitete, desto weniger bedrohlich erschienen mir diese Attacken.

Inzwischen kommuniziere ich sehr gut mit meinem Körper, achte auf meine

Sensibilität und bemühe mich, den ungesunden Stress mit genügend Entspannung abzuladen.

Ich bin mir nicht mehr böse wegen dieser Empfindsamkeit, sondern versuche, damit achtsam umzugehen und sie dort fließen zu lassen, wo sie positiv wirken kann.

Die Konsequenzen

Die hochsensiblen Menschen sind gefährdeter für stressbedingte Störungen, stressbedingte Krankheiten. Aber wissen wir nicht alle, dass der Mensch seine Schwachstellen hat? Hat nicht einer häufig mit Halsschmerzen zu tun, ein anderer mit Nackenverspannungen oder Gelenkschmerzen? Bei diesen Beschwerden sind die Menschen gewöhnt, sich in Acht zu nehmen, sich zu schützen.

Wie viel wichtiger muss es uns da sein, unsere Seele zu schützen, unsere Psyche gesund zu erhalten?!

Das Wort „Psyche" kommt aus der griechischen Sprache und bedeutet „Schmetterling". Wenn wir an einen Schmetterling denken, fallen uns sogleich die Eigenschaften eines Schmetterlings ein. Zunächst einmal wissen wir, dass er sehr leicht ist und fliegen kann, manchmal tanzt er auch beim Fliegen. Er ist sehr zart, man mag ihn nicht berühren, weil er sehr empfindsam ist und man fürchtet, ihn zu verletzen.

Wenn wir an unsere Seele denken, sollten wir auch an die Zartheit des Schmetterlings denken und damit in unseren Gedanken verbinden, wie verletzlich eine Seele ist. Die emphatischen Menschen, die hochsensibel sind, fürchten sich in der Regel, andere Menschen zu verletzen und gehen oft behutsam und sorgsam mit ihnen um. Häufig aber vergessen sie dabei die Verletzlichkeit ihrer eigenen Seele und achten nicht genug auf das Wohlbefinden der Psyche.

In den Oberbegriff Psyche ordnet man auch die Persönlichkeitsmerkmale ein, genauso wie die Empathie, die Sensibilität.

Unter diesem Begriff finden wir auch, ob ein Mensch hochsensibel ist oder zu den weniger sensiblen Menschen gehört.

Im Bereich der Psyche finden wir das Denken und das Fühlen miteinander verbunden.

In der Regel ordnet man die beiden „Tätigkeiten" in sehr gegensätzliche Rubriken ein. Das Denken empfindet man als etwas sehr „Sachliches", Konkretes, das Fühlen dagegen als etwas Sinnliches, Herzliches, Unbestimmtes.

Hier kann der hochsensible Mensch durch eine bewusste Verbindung einen stärkeren Bezug zu sich und seiner Psyche bekommen.

Sich bewusst werden ist eine Kombination aus Denken und Fühlen.

ÜBEN WIR UNS IM

SINNIEREN:

Ich denke über meine Gefühle nach

Ich denke über meine Lebensgefühle nach

Ich denke über meine Liebesgefühle nach

Ich denke über meine Körpergefühle nach

Meine Sinne senden mir Gefühle, die ich überdenke

Ich höre auf meine Körpersprache

Mein Körper sendet mir Gefühle, über
die ich mir Gedanken mache

Ich kann meinem Körper Anweisungen
geben

(Beispiel: wenn mein Kopf meiner Hand
befiehlt, sich zu bewegen, tut sie es)

(wenn ich meinem Körper, auch
einzelnen Körperteilen, sage, entspanne
dich, kann ich Entspannung bewirken)
siehe Muskel-Entspannungstraining

Ich kann meinen Gefühlen Anweisungen
geben

(ich biete euch durch die
Sinneseindrücke, zum Beispiel durch
Musik, angenehme Düfte oder
besondere „Augenblicke". Nehmt diese
Seelen-Nahrung auf und spürt ein
Wohlgefühl im Körper!)

Mit diesem tiefsinnigen Nachdenken,
tiefsinnigen Nachspüren, dem

bewussten Verbinden in der Gesamtheit der Psyche, verbessere ich meine Körperharmonie, die Harmonie in der Psyche.

Ungesund für hochsensible Menschen

sind, wie oben beschrieben, ganz besonders die Hektik, der ungesunde Stress, den wir zulassen, aber auch die starke Inanspruchnahme der Sensationspresse.

Selbstverständlich ist es ganz normal, sich über die Situation in der Welt zu informieren. Es ist gut, in den wichtigsten Dingen des Weltgeschehens auf dem Laufenden zu sein, auch um das Gefühl zu haben, nicht von Unangenehmem überrascht zu werden.

Doch eine große Warnung für die hochsensiblen Menschen spreche ich denjenigen aus, die sich den ganzen Tag hindurch von der Sensationspresse informieren, mit Nachrichten überfluten lassen.

Durch eine Dauerberieselung können sich Nervenbelastungen und Ängste entwickeln, weil die menschliche Seele eine solche Flut von Katastrophen-Meldungen gar nicht so schnell verarbeiten kann.

Als der Mensch noch vor vielen Jahren relativ abgeschnitten in seinem Heimatort lebte, als es weder Autos noch Radio noch Fernsehen gab, wurde man in der Regel nur von dem unterrichtet, was in der unmittelbaren Umgebung geschah.

Man sprach darüber, man diskutierte darüber, man verarbeitete es häufig gemeinsam.

In der heutigen Zeit verbreitet die Sensationspresse die Katastrophen aus aller Welt, trägt sie zuweilen bis in die Wohnzimmer hinein, und bevor man sich von dem ersten Schrecken einer schlimmen Nachricht erholt hatte, taucht schon wieder die nächste Katastrophe auf.

Ob es ein Zugunglück ist, eine Flugzeugkatastrophe, Geschehnisse in einem Krisengebiet, aus all diesen schlimmen Unglücksfällen werden tagelange Katastrophen-Dokumentationen gebastelt, an denen die Zuschauer hautnah teilnehmen können.

Nun sollte man meinen, es sensibilisiere einen Menschen, wenn er an den Katastrophenzuständen in Krisengebieten teilhaben kann. Er könnte mitfühlen und mitleiden und im besten Fall sogar geneigt sein, vor Ort mitzuhelfen.

Doch bei der Menge der weltweiten Darbietungen bewirkt die Überflutung mit Katastrophenmeldungen leider das genaue Gegenteil. Die Menschen stumpfen ab, gewöhnen sich an solche Präsentationen, und die hochsensiblen Menschen tragen die negativen Emotionen oft unverarbeitet mit sich herum.

Meldungen von Kriegen und Krankheiten, von Katastrophen und Krisen führen bald zu zusätzlichen Ängsten. Wo ist man noch sicher? Vor wem oder was muss man Angst haben? Was kann mir alles passieren? Wie nahe kommt ein Krieg an mich heran? Was kann ich tun, um mich zu schützen?

Diese Fragen stellen sich viele hochsensible Menschen und sind sehr besorgt.

Besorgt heißt, dass sie sich Sorgen machen und vor all dem fürchten, was kommen kann.

Tatsächlich haben die Menschen in den Jahrtausenden schon all diese schlimmen Dinge erlebt. Die Generation meiner Eltern erlebte zwei Weltkriege mit all ihren Grausamkeiten und Schrecken.

Wir, alle Menschen, sind uns bewusst, dass sich hier auf der Erde immer wieder unerwartete und schreckliche Dinge ereignen können, und das zu jeder Zeit.

Sorgen sollten wir uns aber nur um Dinge, für die wir sorgen können!

So muss der hochsensible Mensch
prüfen, ob das Thema, um das er sich
Sorgen macht, auch in seinem Sorgen-
Bereich liegt. Wenn man ein hoher
Politiker mit Vollmachten ist, kann man
unter Umständen Einfluss auf ein
übergreifendes Geschehen haben. Wenn
man sich in einem Krisengebiet befindet,
kann man unter Umständen auch
Einflüsse auf die Geschehnisse haben.

Die meisten Menschen jedoch haben
(außer bei Demonstrationen und
ähnlichen Möglichkeiten zur
Meinungsäußerung) wenig Einfluss auf
das Weltgeschehen.

Wenn man für Krisengebiete oder
Länder in Not Sach- oder Geldspenden
tätigt, ist man in der Lage zu helfen. Hier
hat man also wieder die Möglichkeit, für
etwas, für jemanden zu sorgen.

Sorgen um Dinge, die nicht in unserem
Betätigungsfeld liegen, sind nicht
nützlich.

Unnötige Sorgen, Sorgen, die nichts
nützen, niemandem helfen, sind für den
hochsensiblen Menschen schädigend,
krankmachend.

Dies bedeutet nämlich eine zusätzliche
Hilflosigkeit, die wiederum ein
ohnmächtiges Gefühl hervorruft.

Von den Gefühlen der Ohnmacht haben
wir bereits gesprochen, als wir
feststellten, dass sich viele Menschen
mit Panikattacken fürchten, ohnmächtig
zu werden.

So fühlt sich der Durchschnittsmensch
ohnmächtig, wenn er von den Kriegs-
und Krisengebieten hört, das vermittelt
Ängste.

Nicht jeder Mensch, kann alles stehen
und liegen lassen, um in Notgebieten zu

helfen, daher müssen wir uns klar werden, an welchem Platz wir stehen, und in welchem Bereich wir helfen können.

In der Regel haben wir an unserem Platz, in unserem Alltag die Möglichkeit, für etwas oder jemanden zu sorgen.

Gerade die sensiblen Menschen sorgen gern für etwas oder jemanden, da sie mit ihrer Empathie sofort spüren, wenn jemand etwas braucht, und oft sogar, was derjenige braucht.

Hier gibt es nicht nur in der Familie die Möglichkeit, für andere Menschen zu sorgen, sondern auch für Freunde, Kollegen, die Mitmenschen in naher Umgebung, für Tiere und Pflanzen.

In unserem Nahbereich können wir für etwas oder jemanden sorgen, und es gibt auch Situationen, in denen wir uns

auch Sorgen machen müssen
(Existenznöte, Krankheiten usw.).

Diffuse Sorgen, um etwas, das eventuell
geschehen könnte, machen krank, weil
wir uns nicht auf die eventuellen
Geschehen einstellen können, nicht
vorsorgen können.

Sorgen, die ein Geschehen nicht
beeinflussen können, vermitteln
Hilflosigkeit und damit wiederum
Ängste.

Deswegen ist es wichtig, sich einmal auf
einem Zettel zu notieren, um was man
sich Sorgen macht, wovor man Angst
hat.

**Untersuche die einzelnen Punkte und
stelle fest, ob du dir über etwas Sorgen
machst, das von dir nicht beeinflussbar
ist!**

Das Fühlen

Mit unseren Sinnen nehmen wir wahr. Wir empfangen Sinnesreize, die Empfindungen in uns wachrufen.

Der hochsensible Mensch nimmt die Sinnesreize intensiv auf und kann große Empfindungen haben, die große Gefühle in ihm hervorrufen können.

So ist es auch kein Wunder, dass er bei intensiven, negativen Eindrücken, eine Angst und größere Ängste entwickeln kann. Wir haben bereits die Augen, Ohren, die Nase und den Mund, also über das Sehen, Hören, Riechen und Schmecken, auch über das Genießen gesprochen, aber wir haben noch nicht über das größte Sinnesorgan, die Haut geredet.

Menschen mit Hochsensibilität leiden oft an Allergien, Neurodermitis oder an überempfindlicher Haut. Auch bei diesen Störungen finden sich sehr häufig die Ursachen in der belasteten Psyche und in den strapazierten Nerven.

Man kann beobachten, wie schnell sich bei einem hochsensiblen Menschen Reaktionen auf der Haut zeigen, wenn er Belastungen ausgesetzt ist.

Bei einer Aufregung kann sich die Haut eines sensiblen Menschen sofort mit einer Reaktion melden, es können Blasen, Pusteln oder Pickel erscheinen. Ähnliche Reaktionen treten auch auf, wenn man sich ärgert oder anderem psychischen Stress ausgesetzt ist.

Dauernder Stress, dauernder Ärger, können chronische Hautkrankheiten begünstigen.

Wer sich in Behandlung eines Hautarztes begibt, sollte gleichzeitig einmal nachprüfen, ob und wie weit seine Psyche/Seele von Belastungen betroffen sind.

Die Haut ist auch bekannt als das vielseitigste Organ, das für den Menschen für verschiedene Zwecke nützlich und wertvoll ist. Die Haut ist nicht nur die schützende Hülle des Körpers, die die Körpertemperatur reguliert, sie hat auch ihre Bedeutung im Bereich des Immunsystems und des Stoffwechsels.

In der Haut befinden sich Rezeptoren, mit denen wir die unterschiedlichen Temperaturen und auch Schmerzen wahrnehmen können.

Darüber hinaus hat die Haut die Qualität eines Tastsinnes und verfügt über eine Oberflächensensibilität, mit der wir unsere sinnliche Wahrnehmung aufnehmen können.

Der hochsensible Mensch mit seiner Tief-Sinnigkeit hat die Möglichkeit, eine besondere Sinnlichkeit zu entwickeln, die ihm ermöglicht, die angenehmen „Hautgefühle" intensiver positiv spüren zu können.

Wie man sich leicht denken kann, ist es für ein hochsensibles Baby, äußerst wichtig, extrem viel Haut-Berührung zu haben, viel gestreichelt und gekuschelt zu werden.

Selbstredend haben die Bezugspersonen nicht nur beim Füttern, Saubermachen, Eincremen usw. Gelegenheit dazu, sondern sollten sich viel Zeit und Ruhe nehmen, um die Baby-Haut zu verwöhnen.

Viele erwachsene Menschen dieses Typs haben in den ersten Tagen und Jahren ihres Lebens zu wenig Hautberührung, zu wenig Streicheleinheiten und zu wenig Kuscheleinheiten erlebt, zu wenig für ihre persönlichen Bedürfnisse.

Jeder Mensch und ganz besonders der hochsensible Mensch, braucht gute Hautgefühle, und da gibt es verschiedene Möglichkeiten, dieses Sinnesorgan zu verwöhnen.

Denken wir an eine wohlig warme Dusche, an ein Schaumbad, ein Öl- Bad, ein Sprudelbad! Denken wir an das Eincremen und Einölen der Haut, denken wir an entspannende und verwöhnende Massagen und nicht zuletzt an die Umarmungen im zwischenmenschlichen Bereich!

Denken wir an Partnerschaft und die Berührungen in liebevoller Umarmung, in liebevoller Zweisamkeit, im Erleben der Liebe.

Bekannt ist es, dass sich Menschen, die allein leben wollen oder müssen, sofern sie keinen anderen Umgang mit Menschen pflegen, häufig einem Haustier oder einem anderen Tier zuwenden, zu dem man eine Nähe aufbauen und es berühren kann.

Inzwischen weiß man längst, wie gut es tut, einen Hund zu streicheln oder eine Katze zu kraulen, es gibt etliche von Therapien, bei denen Tiere unterstützend mitwirken.

Und was macht ein Mensch, der weder einen Menschen noch ein Tier zum

Kuscheln hat? Dem wird, wie wir wissen, geraten, sich selbst zu verwöhnen: mit Duschen, mit verwöhnenden Bädern, mit Eincremen und Massagen. Nach den neuesten Ergebnissen sollten auch erwachsene Menschen wie ein Baby oder Kleinkind zu einem Kuscheltier greifen, das im Spielzeughandel erworben werden kann. In verschiedenen Studien hat man festgestellt, dass es den Menschen guttut, etwas Kuscheliges zu streicheln, die Berührungen wohltuend wahrzunehmen. Auch Kuschelkissen und Kuscheldecken tun der Haut und dem Körper gut, weil die Haut die wohltuenden Gefühle an die Seele gewissermaßen als Balsam weiterleiten kann.

In der Natur können wir uns von einem warmen Wind streicheln lassen, ein rauer Wind kann die Seele von Trübsal und Frust befreien.

Gut eingecremt können wir uns von
milden Sonnenstrahlen behutsam
wärmen und streicheln lassen.

Am warmen Strand freut sich unsere
Haut auf die sanfte Berührung, wenn wir
uns im geschmeidigen Sand bewegen.

Ein warmer Regen kann unsere Haut
streicheln und gleichzeitig erfrischen.

Berühren wir große Steine, oder
nehmen kleinere davon in unsere Hand,
können wir verschiedene angenehme
Empfindungen wahrnehmen.

Wie belebend es sein kann, einen Baum
zu berühren oder sogar zu umarmen,
haben schon viele Menschen
ausprobiert.

Wir können es selbst ausprobieren,
verschiedene Materialien zu berühren
und zu beobachten, welche
Empfindungen sie in uns hervorrufen.

Es ist immer wieder erstaunlich zu entdecken, wie sensibel unsere Sinne reagieren. Wenn wir uns oft testen, können wir feststellen, wie „hellfühlig" wir sind.

Einige Menschen haben anfängliche Berührungsängste bei Erde, Schlamm und Ton. Manchmal sind diese Ängste auf Erlebnisse in der Kindheit zurückzuführen. Schon früh entwickeln wir unsere Ekel- und Abneigungs-Gefühle, die uns in der Regel von unseren Eltern anerzogen werden. Hier sollten wir mutig sein, und langsam unsere eigenen Erfahrungen sammeln.

Man kann häufig beobachten, dass Menschen in Stresssituationen oder während konzentrierter Gespräche mit ihrem Schmuck spielen: mit einem Ring, mit einem Armband oder mit ihren Halsketten.

Auch diese Berührungen können positiv unterstützend wirken, weil wir dadurch ein gutes Hautgefühl empfangen.

Es ist wichtig, zu testen, was uns guttut und was nicht. Je mehr wir uns kennenlernen, desto besser können wir mit uns umgehen.

Wir können lernen, uns vermehrt mit den Dingen zu beschäftigen, die uns guttun. Wenn wir wissen, was unserer Haut guttut, können wir lernen, sie zu verwöhnen. Wir können uns nach ungesundem Stress dann besser verwöhnen und uns schneller entstressen.

Die Kreativität

Wir finden die Kreativität auch bei den Dichtern und den verschiedenen Autoren.

Der Geheimrat und Jurist

Johann Wolfgang von Goethe schrieb:

Oh! Daß der Sinnen doch so viele sind!

Verwirrung bringen sie ins Glück hinein.

Wenn ich dich sehe, wünsche ich taub zu sein,

wenn ich dich höre, blind.

Hier spöttelt der berühmte Dichter über sich selbst. Wir kennen ihn unter anderem als einen durchaus auch praktischen, sehr sachlichen Menschen, der viel erreichte.

Auch er gehört zu den hochsensiblen Menschen, dessen Sinne besonders stark ausgeprägt waren. Wer seine Werke kennt, weiß, dass auch er zu intensiven Gefühlen fähig war, das breite Spektrum seiner Emotionen zeigt sich in allen Variationen: zum Beispiel in romantischen Gedichten, lebhaften Reiseschilderungen oder dem lebensmüden Helden in „Werthers Leiden".

Mit diesem Beispiel will ich zeigen, dass die sensiblen Menschen nicht von Natur aus schwach sind, sondern sie sich häufig durch ihr Umfeld, das sich von ihnen unterscheidet, in diese Rolle drängen lassen.

Ebenso will ich mit diesem Beispiel darauf hinweisen, dass einen diese Sensibilität nicht zwangsläufig davon abhalten muss, seine Wege zum Erfolg zu gehen und alles durchzustehen.

Man kann durchaus seine starken Seiten haben und zeigen, und trotzdem ein hohes Maß an Sensibilität besitzen. Man kann in einigen Bereichen hochsensibel sein und die Sensibilität bewusst einsetzen.

Außerdem zeigt dieses Beispiel eine der viele Möglichkeiten, sich kreativ zu betätigen. Hast du schon einmal ausprobiert, etwas zu dichten, etwas zu schreiben, deine Gefühle in Worten auszudrücken? Dies musst du nicht unbedingt für die Öffentlichkeit tun, du kannst etwas für liebe Menschen oder Freunde schreiben, du kannst auch etwas für dich ganz persönlich notieren.

Wenn du Lust darauf hast, kannst du ein Tagebuch anlegen, deine Gefühle und Gedanken loslassen oder sogar fliegen lassen. Hast du schon einmal eines dieser seltsamen Gedichte gelesen, die nur der Dichter selbst versteht? Und ob es sich um ein kleines Heft oder ein dickes Buch handelt, für wenige Euro kannst du es dir sogar drucken lassen.

Die Augenblicke der Gedanken und Gefühle kannst du aufschreiben und auf diese Weise festhalten. Es können für dich wertvolle Erinnerungen werden, und du hast später noch einmal die Möglichkeit, deine Entwicklung zu verfolgen.

In einem der obigen Abschnitte habe ich dir bereits vorgeschlagen, einfach alles auszuprobieren, was dir gerade einfällt, um an deine verborgene Kreativität zu gelangen. Auch darüber kannst du dir Notizen machen, denn falls du selbst einige Aktionen nicht weiterverfolgen möchtest, weil du gespürt hast, dass du keinen Spaß daran hast, so können deine Versuche jedoch anderen hochsensiblen Menschen gute Ideen bringen.

Sicher hast du schon einmal davon gehört, dass Menschen aus Abfällen, aus Schrott etwas basteln. Tatsächlich gibt es fast kein Material, aus dem sich nicht wieder etwas herstellen lässt.

Ein paar Vorschläge für dich:

Aus alten Stoffresten lassen sich zum Beispiel Puppen, Kasperlefiguren oder Patchwork-Decken herstellen, aus Wolle kann man ohne große Vorkenntnisse Spielzeugtiere basteln, indem man runde Bommeln herstellt, aus denen sich fast jedes Kuschel-Tier erzeugen lässt. Bastel-Anleitungen findest du im Internet, aber deine eigenen Ideen sind jederzeit gefragt.

Fast ohne Unkosten kannst du Kreationen herstellen, wenn du Wurzeln und Holzstücke sammelst und dich von ihren Formen inspirieren lässt.

Steine kann man nicht nur bemalen, sondern auch Figuren oder Skulpturen damit bauen.

Kommen wir noch einmal zurück zum Müll. Aus Glasflaschen werden Vasen, bemalt, beklebt, und die guten alten Kerzenständer, die mit Wachs betropften Flaschen, sind ebenfalls zeitlos.

Selbst aus Kronkorken, Flaschenkorken, Konservendosen, Gurkengläsern und anderen Verpackungen lassen sich Gebrauchsgegenstände oder kleine Kunstwerke in Form von Skulpturen herstellen.

Nimm einfach ein Materialstück in die Hand, schau es dir an, befühle es und lass es zu dir sprechen!

Vielen Menschen fehlt der Mut, ihre eigenen kreativen Ideen umzusetzen. Kaum ist ein Bild in ihrem Kopf entstanden, fragen sie sich, was andere Menschen davon halten könnten. Frage dich nicht, ob ein anderer etwas damit anfangen kann, ob ein anderer dich auslachen könnte, dich mit deiner Idee nicht ernst nehmen würde!

Es muss nicht alles ernst und für andere zu gebrauchen, und schon gar nicht perfekt sein.

Mach dir einfach einen Spaß und probiere, wozu du Lust hast, entdecke, was dir dein Gefühl, deine Gedanken eingeben!

Nimm dir ein Beispiel an der bunten, kreativen Welt, die voller

Überraschungen ist. Und erinnere dich
daran, dass auch jeder große Erfinder
einmal ganz klein angefangen hat, für
sich zu experimentieren. Gib nicht gleich
beim ersten Mal auf, wenn es nicht
klappt! Kreativität will aufgeweckt
werden, sie wächst, je mehr du
probierst.

Schnelle Hilfe

Wenn du nervlich überbelastet bist,
Unruhen und Ängste dich überfallen,
bist du am besten bei Ärzten und
fachlich geschulten Therapeuten
aufgehoben. Beruhigend ist es immer,

wenn man schwerwiegende Krankheiten ausschließen kann.

Aber was machst du, wenn du im Supermarkt an einer Kasse stehst und du merkst, dass dich ein ungutes Gefühl überkommen will. Natürlich kannst du direkt aus dem Geschäft gehen (ohne etwas zu kaufen) oder du bittest jemanden, dich an der Kasse vorzulassen. Wenn du mutig bist und Erfahrungen mit diesen Mahnungen deines Körpers hast, dann wirst du wissen, dass er dir sagen will, du hast dir zu viel zugemutet, es ist Zeit für eine Pause. Ein Glas Wasser ist jetzt nicht zur Hand, aber im Supermarkt kannst du dir eine Flasche Wasser kaufen (oder an anderen Orten ein Glas Wasser erbitten).

Dieses altbewährte Mittel hilft mit, dich aus der angespannten Situation herauszulösen. Dass man in schwierigen Situationen einmal tief ein- und ausatmen soll, ist auch bekannt. Ich empfehle dir das mehrmalige tiefe Einatmen mit geschlossenem Mund, danach (ohne Pause) ein Ausatmen mit offenem Mund.

Du willst dir beweisen, dass du dich und deinen Körper im Griff hast? Dann erinnere dich zum Beispiel an irgendein Gedicht, das du in deiner Schulzeit lernen musstest, summe in Gedanken ein Weihnachtslied und denke an den Text. Aber auch in deinem Umfeld findest du sicherlich einige Gegenstände, die dich ablenken können, wenn du dich, wie schon oben erwähnt, mit dem Zählen beschäftigst.

Sage dir, dass du jederzeit den Laden verlassen oder eine andere Person um Hilfe ansprechen darfst!

Sobald es dir wieder besser geht, darfst du dich auch bei deinem Körper bedanken, dafür, dass er immer so gut mit dir kommuniziert und dir Zeichen gibt, wann du dich vermehrt um dich kümmern sollst. Auch wenn er dir manchmal eine Warnung sendet, wenn keine Gefahr droht.

Auch für eine Unwetterwarnung draußen ist man dankbar, damit man sich schützen kann, selbst wenn kein schlechtes Wetter kommt.

Du kannst auch lernen, mit deinem Körper zu reden. Lobe ihn, wenn er etwas gut macht, wenn du etwas schaffst, auch wenn es keine riesengroßen Leistungen sind!

Wenn dir dein Körper unbegründet eine Warnung schickt, sei ihm nicht böse, behandele ihn liebevoll und mit viel Verständnis und Geduld!

Mit der Zeit könnt ihr ein gutes Team werden, du und dein Körper, ihr werdet einander vertrauen, sensibel aufeinander reagieren, und er wird dich mit der Zeit nur noch warnen, wenn es einen Grund dafür gibt.

Was heißt das, der Körper warnt?

In der heutigen Zeit und bei den heutigen Stresssituationen muss man lernen, besonders gut auf sich aufzupassen, auf seine Nerven, auf seine Psyche und auf den Körper.

Bei einem hochsensiblen Menschen ist mehr Sorgfalt notwendig. Du verträgst weniger Stress, deine Nerven sind schneller gereizt. Doch der Vorteil ist, du spürst dafür auch schneller, wenn etwas nicht stimmt, wenn etwas nicht in Ordnung ist. Dein Körper meldet sich mit Störungen schneller und früher, um dich vorzuwarnen. Das ist manchmal unnötig, manchmal lästig und störend, aber ein Frühwarnsystem hat eben auch seine Vorteile. Du kannst den Gefahren eher und schneller begegnen. Dass dabei manchmal ein Fehlalarm vorkommt, darfst du nicht zu tragisch nehmen! Je mehr du für deine Seele und deine Psyche tust, je mehr du deine Nerven stärkst, umso exakter wird dein Warnsystem funktionieren.

Es gibt Menschen, die klimatische Spannungen, besonders bei veränderlichem Wetter, Gewitter usw. erahnen. Ängstige dich nicht, wenn du ein Mensch bist, der ungute Gefühle wie Wetterfühligkeit oder negative Gefühle vor bestimmten Situationen oder im Kreis verschiedener Menschen hat! Ein sensibler Mensch nimmt auch viele diverse und diffuse Stimmungen in seinem Umkreis wahr.

Viele sensible Menschen haben auch einen starken Bezug zu den Mondphasen. Ich lese zwar immer wieder Studien, in denen man behauptet, der Vollmond, der Neumond und die Mondphasen hätten keinen

Einfluss auf das Befinden der Menschen, aber während meiner fünfzig Jahre langen Arbeit konnte ich dies in meinen Studien widerlegen. Der Andrang meiner Klienten-Anfragen ist bei Vollmond deutlich höher, bei Neumond noch einmal weitaus größer, wobei mir die meisten berichten, dass sie bei Neumond, den sie häufig selbst gar nicht wahrgenommen haben, weit unruhiger waren. Zuweilen konnten sie bei Neumond auch gar nicht schlafen und wurden auch tags von Unruhen geplagt.

Sicherlich gibt es viele Ursachen für Unruhen und schlechten Schlaf, dazu gehören auch spätes und schlecht verdauliches Essen, Aufregungen am Abend, klimatische Bedingungen und, wie man inzwischen weiß, auch die unterschiedlichen Stärken der Sonneneruptionen. Daher kommen für schlechten Schlaf stets mehrere Komponenten zum Einsatz.

(Tipps zum besseren Schlaf siehe oben)

Träume

Sicher weißt du, wie wichtig die Träume
in der Nacht für dich sind, und dass man
während der unterschiedlichen
Schlafphasen sehr viel träumen kann,
auch wenn man sich im Wachzustand
nur noch an relativ wenige Träume
erinnern kann. Es sind verschiedene
Arten von Träumen bekannt,

Klarträume, Albträume, Wahrträume;
und all das, was deine Psyche im
Schlafzustand erlebt, ist dein
Traumleben.

Zum Meditieren empfehle ich dir unter
anderem das Ölgemälde von Pablo
Picasso mit dem Titel „Der Traum", das
seine junge Freundin zeigt, während sie
schläft.

Es drückt sehr viel gelassene Hingabe
aus, mit der man sich vertrauensvoll in
einen Erholung bringenden Schlaf
wünschen kann. Es heißt allgemein, dass
es Methoden zum Meditieren gibt, mit
denen man sowohl den Schlaf
verbessern als auch eine bessere
Erinnerung an seine Träume finden
kann.

Die Träume in der Nacht können sehr
viel über dich, deine Situation und deine
seelische Gesundheit aussagen,

Psychologen können dich beraten, wenn du nach Deutungen suchst.

Bist du dir auch darüber bewusst, wie wichtig deine Tagträume, deine Wunschträume für dich sein können?

Die Geschichte des kleinen Jungen, der zunächst Tellerwäscher wird und stets von dem Wunsch besessen ist, Millionär zu werden, wird immer wieder als Beispiel erwähnt. Dieser betreffende Junge hat sein Ziel so intensiv verfolgt, dass er es eines Tages erreicht hat.

Um seine Wünsche realisieren zu können, sollte man von ihnen träumen. Sich etwas (in Gedanken) bildlich vorzustellen, nennt man auch visualisieren.

Mit einem festen Bild (im Kopf) vor seinen (inneren) Augen lässt sich ein Wunschtraum konkreter verfolgen, da man ein Ziel vor Augen hat.

Wenn wir uns einen Ausflug mit einem bestimmten Ziel vornehmen, geschieht es manchmal, dass wir zwischendurch ermüden, den Wunsch haben, das Unternehmen zu unterbrechen oder aufzugeben.

Haben wir jedoch ein bestimmtes Ausflugsziel vor Augen, auf das wir uns freuen, können wir die müden Phasen gut überstehen, weil wir uns immer wieder auf das Ziel konzentrieren.

Wenn wir ein festes Bild mit unseren Wunschträumen im Kopf haben, fällt es uns leichter, Phasen zu überstehen, in denen etwas stagniert oder es Rückschläge gibt.

Dies gilt nicht nur für die Verwirklichung unserer privaten Wunschträume, sondern auch für die sensible psychische Konstitution eines hochsensiblen Menschen.

In den verschiedenen Phasen seines Lebens, in denen er durch die Umstände bedingt, Störungen oder krankhafte Phasen erleidet, ist es besonders wichtig, sich die Ziele für die körperliche und seelische Gesundheit konkret vor Augen zu führen, damit das Vorhaben besser verfolgt werden kann.

Hierbei ist es jedoch wichtig, sich der Sensibilität entsprechend, kleine Ziele zu setzen und sich von Stagnation und Rückschlägen nicht entmutigen zu lassen.

Setz dir deine Ziele! Schreibe dir deine Wunschträume auf und visualisiere sie!

Wünsch dir ein harmonisches Zusammenspiel von Körper und Seele!

Selbstliebe und Liebe

Über das Thema Selbstliebe ist schon viel gesprochen und geschrieben worden, dennoch muss ich es im Bereich der hochsensiblen Menschen noch einmal erwähnen, weil es gerade bei diesem Menschentyp ein besonders wichtiges Thema ist.

In dieser Gruppe befinden sich viele Menschen, die sich über ihre Leistung identifizieren, sie mögen sich, wenn sie etwas schaffen.

Genauso häufig finden sich bei diesem Menschentyp diejenigen, die stets perfekt sein möchten und sich auch die kleinsten Fehler sehr übelnehmen.

In dieser Gruppe befinden sich Menschen, die sehr empathisch sind, gern anderen Menschen helfen, bescheiden sind und die eigenen Wünsche häufig zurückstellen.

All diese Eigenschaften, die auch zu bescheidenen Menschen passen, führen häufig dazu, dass ein hochsensibler Mensch erst lernen muss, sich selbst zu lieben

mit Fehlern und mit Schwächen.

Gläubige Menschen haben es da etwas leichter. Sie wissen, dass sie ein Geschöpf Gottes sind, der alle Menschen gleich liebt, ganz so wie sie sind, mit allen Fehlern und Schwächen. Ein geliebtes Gottes-Geschöpf zu sein, darauf kann man stolz sein. Ein Mantra für alle Gläubigen ist der Spruch:

„Ist Gott für uns, wer kann gegen uns sein?"(Römer 8 Vers 31)

Hier wird ausgedrückt, dass wir geliebt werden und uns wert fühlen können, liebenswert zu sein.

Leider haben sensible Menschen oft in ihrer Kindheit von ihrem Umfeld nicht übermäßig oft zu hören bekommen, dass sie gut sind, so wie sie sind, mit Fehlern und Schwächen. Diese bedingungslose Liebe wird nicht jedem Kind übermittelt. Daher zeigt sich bei den Sensiblen häufig ein Defizit im gesunden Selbstbewusstsein.

Ein geschulter Therapeut wird dich auf einem guten Weg begleiten können, aber du kannst selbst auch eine ganze Menge dafür tun.

An den Anfang dieses Kapitels habe ich das Bild eines weißen Schwans gestellt. In seiner Symbolik liegen die Begriffe Reinheit, Licht, Schönheit, majestätische Erscheinung, gesundes Selbstbewusstsein und die Liebe als höchstes der Gefühle. Ein Schwan zu sein, das möchte auch das hässliche junge Entlein in dem Märchen „Das hässliche Entlein" von Hans Christian Andersen.

Mitten unter Enten aufgewachsen, fühlt sich das kleine unansehnliche Schwanenkind mehr als nur unwohl. Es leidet unter seinem Anders-sein und seiner dadurch bedingten scheinbaren Hässlichkeit. Die possierlichen Entchen ärgern den Außenseiter, sodass der junge Schwan entflieht. Es ist ein weiter Weg, bis er als Erwachsener im Spiegelbild eines Sees erkennt, dass er gar kein Enterich, sondern ein wunderschöner Schwan geworden ist. Jetzt sieht er sich selbst im richtigen Licht und akzeptiert sich.

Dieses Märchen bringe ich in Bezug zu den hochsensiblen Menschen, die noch nicht ihren optimalen Weg gefunden haben.

Mit all den wunderbaren Potenzialen, die die Sensibilität dieser Menschen-Gruppe beinhaltet, betrachten und fühlen sich die meisten als benachteiligte Außenseiter, oft sogar als schwache Menschen.

Der hochsensible Mensch hat jedoch alle Potenziale in sich, ein wunderschöner Schwan zu werden, der sich selbst achtet und liebt.

Mach dir bewusst, dass du nicht nur gut bist, so, wie du bist, sondern dass dich das Leben auch so gewollt hat mit deinem reichen „Innen-Leben"!

Hochsensibel beinhaltet zwar, einige Störfaktoren schlechter ertragen zu können, alle „negativen" Gefühle intensiver zu erleben (z. B. Trauer, Verlust, Demütigung Depression), aber du kannst auch weitaus mehr aus positiven Empfindungen für dich als Essenz in deiner Seele bewahren. Auch die Freude und Liebe können dein Leben intensiver bereichern.

So, wie du bist, bist du gewollt. Sei dir gewiss, dass ein großes Geheimnis, eine Mischung in dir steckt. Stell dir den unbekannten Tag nach deiner Zeugung vor, an dem sich deine Gen-Kette gebildet hat, als sich manifestiert hat, welche Anlagen in deiner Persönlichkeit als Potenzial verborgen liegen!

Wenn du gläubig bist, stell dir den feierlichen Tag vor, als sich deine Seele im Körper manifestiert hat. Ein Tag, der trotz gut entwickelter Wissenschaft, bis heute noch nicht festgestellt werden kann.

„So bist du gewollt, so sollst du sein", sagen manche Dichter, die schon erkannt haben, wie gut es sein kann, sich so zu akzeptieren, wie man ist.

Sich zu akzeptieren bedeutet auch, sich gut zu finden, und was man gut findet, das kann man auch lieben lernen.

Liebe ist hier ein Gefühl, das aus dem Herzen kommt. Auch lieben muss man manchmal erst lernen. Besonders in der Natur und im zwischenmenschlichen

Bereich können wir unser Herz öffnen und uns auf unsere Empfindungen konzentrieren.

„Es wird mir warm ums Herz", sagten vor langer Zeit die Menschen, wenn sie über Liebesgefühle sprachen. Ein Herz als Symbol ist nicht wegzudenken aus vielen Bereichen der Liebe. Hören wir auf unsere „Herzgefühle"! Spüren wir unsere „Herz-Gefühle"! Lassen wir unser Herz sprechen!

Das Wort „Selbstbewusstsein" bedeutet: sich (seiner) selbst bewusst sein, sich zu kennen, zu wissen, wer man ist.

Selbstbewusst bedeutet auch zu wissen, was man von sich selbst zu erwarten hat. Dies gestattet einen weiteren Schritt zur Selbstliebe.

Testen wir uns aus, lernen wir uns kennen! Suchen wir die Wege, die Sensibilität positiv nutzen zu können. Mit der gewonnenen Harmonie fällt es uns leichter, in die Selbstliebe zu kommen.

Jeder Mensch ist ein Individuum, selbst Zwillinge sind nicht vollkommen identisch. Ist es nicht ein fantastisches Gefühl, etwas zu sein, das einmalig ist?!

Mach dir bewusst, dass du nicht ersetzbar bist, denn kein Mensch ist so wie du!

Wenn du dich wie das „hässliche Entlein" vom Entenhof wegbewegst, und dich nicht mehr als Außenseiter fühlst, schlage den Weg deiner Wünsche und

Träume und Ziele ein, damit der Tag
kommt, an dem du dich als Schwan
erkennen kannst.

Der hochsensible Mensch in der Partnerschaft

Wichtig für den hochsensiblen
Menschen ist es, einen Partner zu
finden, der die Qualitäten und
Potenziale der Hochsensibilität zu
schätzen weiß, aber auch sorgsam mit
dieser Sensibilität umgehen kann.

Ein hochsensibler Partner muss sich in der Regel zuerst selbst finden, sein Selbstbewusstsein entdecken und sich selbst lieben, um den Partner zu finden, der zu ihm passt.

Hier klappt die Teamarbeit am besten, wenn man die Aufgaben derart aufteilt, dass jeder seine eigenen Bereiche hat, für die er zuständig ist und die er zu schaffen imstande ist.

Der hochsensible Typ neigt, wie oben beschrieben dazu, anderen Menschen gegenüber sehr hilfsbereit zu sein, und das auch in der Partnerschaft, doch muss er darauf achten, sich nicht zu verausgaben.

Ist er mit einem nicht sensiblen Partner zusammen, sollte er deutlich sagen, wie weit er belastbar ist, wo seine nervlichen und körperlichen Grenzen liegen.

Ein Problem kann die hohe
Empfindsamkeit werden, denn der
hochsensible Partner neigt dazu, jede
Äußerung, jedes Wort, besonders jede
Kritik seines weniger sensiblen Partners
sehr ernst zu nehmen und sich damit
gegebenenfalls unter Druck und Stress
zu setzen.

Der hochsensible Partner fühlt sich
häufig für das Glück und Wohlergehen
seines Partners verantwortlich,
beobachtet dessen Reaktionen genau,
nimmt Vieles persönlich und fühlt sich
schuldig, wenn etwas nicht stimmt.

Hier muss sich der hochsensible Typ
sagen, dass jeder Mensch für sein
eigenes Glück selbst verantwortlich ist
und auch in einer Partnerschaft nicht
alles geteilt werden kann.

Die Entwicklungswege der einzelnen
Partner, die für jeden Menschen
notwendig sind, führen zuweilen zu

einer Auseinanderbewegung. Partner, die sprachlich gut miteinander kommunizieren können, sind da deutlich im Vorteil. Nützlich ist es auch, das Diskutieren oder auch das Streiten zu lernen (auch in Paar-Therapie). Aber es gibt auch Momente, bei denen eine Umarmung hilft.

Da die Sinne eines hochsensiblen Menschen äußerst gut entwickelt sind, äußerst empathisch und empfänglich sind, können die Partner, wenn sie es zulassen, eine große Nähe zueinander entwickeln. Hier gibt es keine Grenzen für positive Berührungen, Kuscheln, Massagen usw. Alle diese Berührungen sind Balsam für die Seele, wenn zwei Liebende sich sinnlich verbinden.

Weil der hochsensible Mensch sehr empathisch ist, errät er häufig die Bedürfnisse des Partners. Das kann sich positiv auswirken. Leider geht er aber auch häufig davon aus, sein Partner

habe die gleiche Empathie und erwartet
von dem weniger sensiblen Partner eine
ähnliche Empathie und Handlungsweise.
Diese meist unrealistische
Erwartungshaltung führt dann zu
Enttäuschungen. Der sensible Partner
nimmt an, weniger geliebt zu werden,
weil sein Partner anders denkt und fühlt.
Hier kann es also Missverständnisse
geben, die durch eine falsche
Erwartungshaltung hervorgerufen
werden. Hier muss sich jeder Partner im
Klaren sein, was er von seinem
Gegenüber Typ-mäßig erwarten kann
und darf, und was nicht.

Wenn einem die Liebe geschenkt wird,
kann man das nicht hoch genug
bewerten. Hochsensible Menschen
neigen dazu, sich auch in die Liebe und
in die Partnerschaft zu vertiefen, sofern
sie ihre Ängste vorher fallen ließen.

Zuweilen idealisieren sie auch die Liebe
oder ihre Liebesbeziehung, daher sollte

der hochsensible Typ die Partnerschaft auch immer wieder realistisch betrachten. Bei einer Gemeinsamkeit von zwei Menschen sind immer Kompromisse notwendig, die häufig erst nach schwieriger Arbeit gefunden werden können. Da wartet der Alltag mit ständigen Problemen und Prüfungen. Partnerschaft verlangt ständige Aufmerksamkeit und Arbeit, wobei es viel Achtsamkeit benötigt, um die Liebe auf diesen Weg unbeschadet mitzunehmen.

Stimmungen

Für einen liebevollen Umgang mit dir selbst, ist es für den hochsensiblen Menschen wichtig, seine Stimmungen zu kennen und zu beobachten.

Es ist normal, dass ein Mensch, der in der Nacht gut geschlafen hat, am Morgen oft kräftiger ist und die Nerven stärker sind. Das macht ihn optimistischer und mutiger.

Am Abend, nach getaner Arbeit, und besonders wenn es dunkel ist, sieht alles oft ein wenig anders, manchmal weniger positiv aus und man traut sich weniger zu.

Der Tag bietet viele Eindrücke, oft so viele, dass selbst ein sensibler Mensch nicht sofort spürt, was ihm guttut und was nicht. So sieht er sich plötzlich vor einem Gewirr der unterschiedlichsten Gefühle, fühlt sich angestrengt und belastet, ohne jedoch klären zu können, was mit ihm geschehen ist.

Hier setzen bei vielen wieder die oben genannte Hilflosigkeit und Gefühle der Ohn-Macht ein, da man nicht die Möglichkeit hat, konkret gegen irgendetwas angehen zu können.

Lass alle Gefühle erst einmal zu! Akzeptiere sie als Reaktion auf dein Umfeld, deine Erlebnisse und versuche dich dann körperlich auszupowern oder dir mentale und seelische Entspannung zu suchen! In solchen Momenten darfst du deiner Seele erlauben, auch erst einmal missmutig zu sein. Man spricht davon, die Seele „baumeln zu lassen", das bedeutet, dass sie nicht immer stark, mutig und optimistisch sein kann, sondern auch einmal „hängen" darf, zeigen darf, dass hier etwas nicht gepasst hat und sie jetzt eine Verschnaufpause braucht.

Alle Gefühle sind erlaubt! Es ist gut, wenn du deine Gefühle akzeptierst, Wut, Enttäuschung, Ärger und ganz besonders auch Trauer.

Lass allen Gefühlen ihren Lauf, lebe sie aus, solange du nicht anderen Menschen absichtlich damit schadest!

So hat mir zum Beispiel bei der Wut in Trauer und bei Verlusten stets mein Kopfkissen als Boxball gute Dienste geleistet.

Wenn du eine schlechte Laune hast, fühle dich nicht schlecht!

Das Leben hat genug Probleme und Aufgaben, die schwer sind und viel Kraft und Arbeit zur Bewältigung benötigen. Auch im zwischenmenschlichen Bereich findet man genügend Reibungspunkte, die Ärger hervorrufen können.

Da sind die Nerven nicht uneingeschränkt belastbar, und ein

temperamentvoller Mensch reagiert zuweilen auch recht schnell und sehr stark. Wenn Menschen wegen jeder Kleinigkeit „ausrasten", sollte das Nervenkostüm überprüft und behandelt werden. Gleichzeitig sollte man den Ursachen dieses „Ausrastens" auf den Grund gehen (fachliche Beratung), eventuell nach auslösenden Traumata suchen. Häufig findet man aber auch schon Hinweise, wenn man seine Kindheit und sein Elternhaus näher betrachtet, das gemeinsam mit einem ausgeprägten feurigen Temperament als Erklärung dienen kann.

Dabei findet man auch häufig die Menschen, bei denen sich erst einmal viel anstaut, zu viel, sodass ein explosionsartiges Ausbrechen der Gefühle entsteht, vergleichbar mit einem Vulkan.

In diesem Fall kann der betreffende Mensch lernen, seine Gefühlsreaktionen sofort zu zeigen, um nicht in Extremsituationen zu geraten. Verhaltenstherapeuten sind dabei mit gutem Rat behilflich.

Bei einem Wutausbruch einiger Menschen wurde schon so mancher Teller zerbrochen, in meinem großen Umkreis erlebe ich immer wieder die Menschen, die sich bei kleinen Wutanfällen an den Papiermüll heranmachen, den sie angesammelt haben. Ein Zerfetzen und Zerreißen von Pappe und Papier kann helfen, den aufgestauten Ärger/Wut des Tages herauszulassen.

Auch die **Freude** sollte man zulassen, von ganzem Herzen leben. Jeder Mensch weiß, wie gesund das Lachen ist, besonders, wenn man von Herzen lacht und Tränen lacht.

Aus meiner Kindheit heraus erinnere ich mich gern an einen Witz, den wir vier

Kinder meinen Vater immer wieder erzählen ließen, weil er selbst am meisten und ganz herzlich darüber lachen konnte. Ja, dann liefen ihm auch die Lach-Tränen über die Wangen.

Gerade in der heutigen Zeit, in der die Menschen seelisch schwer belastet werden, ist es wichtig, das Lachen wiederzufinden.

Wer nicht die Möglichkeit hat, mit anderen Menschen fröhlich zu sein, nicht die Möglichkeit hat, das drollige Verhalten von kleinen Kindern und Tieren zu beobachten, darf sich auch einmal mit Witzen amüsieren, die für jeden zugänglich sind.

Das Lachen über sich selbst will auch erst erlernt sein. Man schafft es, wenn man mit sich im „Reinen ist" und seinen Weg gefunden hat.

Es bringt die dafür notwendige innere Zufriedenheit, wenn man sich mit seinen Veranlagungen und Talenten akzeptiert, aber immer bereit bleibt, an sich zu arbeiten und hinzuzulernen.

Mit dem Mantra:

Ich gebe das, was ich kann

(nach bestem Wissen und Gewissen, auch wenn ich nicht immer 100-prozentig sein kann)

kannst du getrost in die Zukunft blicken und offenbleiben für die heiteren Momente.

Kultiviere deine positiven Gefühle, halte sie fest und erinnere dich immer wieder daran! Lerne durch Entspannungsübungen und Waschrituale alten Ballast und Seelenbelastungen loszuwerden, damit dein Leben **leichter** wird. Du möchtest mit deiner Sensibilität glücklich werden?

Streife die alten Belastungen ab, streife täglich deine Belastungen, alle negativen Gefühle ab:

Nur mit einem leichten Gepäck kann man fliegen.

Wenn du hochsensibel bist und damit Probleme hast, lerne damit zunächst so umzugehen, dass du dir damit möglichst wenig schaden kannst! Erkenne dich genau und sorge gut für dich!

Wenn du magst, setze dir das Ziel, für dich selbst herauszufinden, warum du

diese besondere Eigenschaft erhalten
hast! Die Hochsensibilität kann ein
Geschenk sein, das dein Leben
bereichert und auch dem Leben anderer
Menschen Freude bereiten kann.

Dieses Potenzial kann deinem Leben
einen besonderen Sinn bringen und
anderen Menschen eine große Hilfe
sein.

Meide dabei stets den ungesunden
Stress und achte auf die Signale deines
Körpers, durch den deine Seele
sprechen kann!

Wenn du willst, setze dir das Ziel, mit
deinen Potenzialen ein zufriedener
Mensch zu werden, der tiefsinnig ist und
daher fähig werden kann, ein sinnvolles
Leben zu führen!

Setze dich nicht unter Druck!

Lebe!

Hier findest du Platz für deine eigenen
Notizen: